Tabla

MOHAMMED EL-KURD

VÍTIMAS PERFEITAS

E A POLÍTICA DO APELO

Tradução ROGERIO W. GALINDO

Vítimas "imperfeitas"

De onde partem as rajadas?
De nosso coração. Da fúria
de cada um em Gaza.
Hiba Abu Nada

Quem são as vítimas "perfeitas" mencionadas com tanta ironia já no título deste livro brilhante de Mohammed El-Kurd? São essas vítimas, as perfeitas, as únicas que caberia defender da violência genocida?

Essa pergunta, tão pertinente nos dias de hoje, não é nada inocente. Já não era nem quando se escrevia a palavra "vítima" desacompanhada, sem adjetivos que lhe conferem uma particularidade da qual antes estava isenta. A vítima era, originalmente, aquela que aceitava ser objeto de um sacrifício religioso. Uma vez secularizado seu sentido, "vítima" passou a designar qualquer pessoa que sofria uma violência que ela não podia evitar: vítima então é uma pessoa ferida, frágil e indefesa. Mais recentemente, *a* vítima (feminilizada, desempoderada) foi substituída por *o* sobrevivente (masculinizado, porém dotado de capacidade de ação): sobreviver implica, então, superar a ferida, deixar de ser vítima. Essa substituição, no entanto, nunca se aplicou a todas as circunstâncias, pois servia e serve apenas para descrever aqueles que permanecem vivos, aqueles que se recuperam. Mas são muitos os que não conseguem.

É importante ressaltar que as vítimas que sobrevivem ou, aquelas que sobrevivem às vítimas em sua trágica ausência, competem hoje pelo reconhecimento de sua condição de vítima. Por mais chocante que possa parecer, esse reconhecimento cumpre uma função política, econômica e simbólica incomensurável. O caso mais notório é o do judeu, que exigiu, como povo violentado, que se admitisse (e compensasse) seu martírio no Holocausto. A partir do ato de pretensa justiça europeia, que significou a entrega injusta de parte da Palestina histórica, e apoiados na ideologia sionista e na confusão entre antissionismo e antissemitismo, os agora israelenses adquiriram a condição excepcional de vítimas *absolutas e eternas*, de vítimas sui generis, detentoras de um status que, assim definido, não concede a nenhum outro povo, muito menos ao palestino, a possibilidade de ser considerado vítima; tampouco permite que se julguem como algozes os sionistas em seu exercício de violência contra os palestinos cujas terras ocupam, cujas casas desapropriam, cujos corpos aprisionam, torturam, arrasam ou destroem; cujas vidas, efetivamente, vitimizam há décadas.

Nessa configuração *absoluta*, explica o pensador chilestino Rodrigo Karmy, a vítima (judia) está sempre *se defendendo* de agressões reais e imaginárias, de inimigos armados ou indefesos, ela nunca está *agredindo*. Isso lhe permite reivindicar proteção permanente a seus antigos agressores, além de justificar seu direito a uma defesa ativa, inclusive preventiva, a expandir uma indústria armamentista e de segurança já poderosa e sofisticada. A vitimidade absoluta dos judeus tem sido usada também como arma retórica para privar os palestinos da denúncia legítima da violência que sofrem sob o domínio israelense. Essa vítima (histórica) vem impedindo que os palestinos sejam reconhecidos como vítimas (históricas e atuais), mesmo já sendo vitimados pelo simples fato de existirem no território que o expansionismo colonial sionista reivindica para si. El-Kurd ressalta que essa operação é ainda mais perversa: o fato de os palestinos continuarem reivindicando suas terras e resistindo à ocupação e ao extermínio perpetrado por Israel os transformou em "péssimas" vítimas, vítimas "imperfeitas" que, em sua resistência, não se comportam como tais.

A vítima "perfeita" seria, então, aquela que se deixa despojar e aniquilar, aquela que, desprovida ou roubada de toda capacidade de ação, só pode sobreviver se for salva por outros. O paradoxo da vitimidade palestina é que o povo palestino, apesar do ultrajante apagamento de sua história, da supressão de suas reivindicações, do deliberado programa de limpeza étnica a que Israel lhe submete, só é digno de ser considerado vítima legítima com a condição de que se entregue à sua própria extinção.

Até agora, aqueles que deveriam ir em seu socorro não o fizeram, não reconheceram seu direito à nação e à terra, tampouco o direito a erguer a voz para exigi-las, por mais razoáveis que fossem seus argumentos e por mais contido que fosse seu tom diante da humilhação constante, da desapropriação de suas casas e de seus bens, da destruição de seus bairros, de suas propriedades e oliveiras, do seu exílio forçado e da impossibilidade de retorno, do encarceramento sem acusação nem julgamento. E o que dizer de seu contínuo assassinato?

Não se tem ajudado os palestinos, mas se eles se atreverem a erguer "do rio ao mar" num cartaz ou num grito, se se atreverem a lançar uma pedra ou um míssil inútil contra o opressor, se ousarem se rebelar em uma intifada ou duas ou quantas forem necessárias para sua libertação, se se vingarem sequestrando ou assassinando o déspota, serão chamados de "terroristas". Jamais de "combatentes da resistência". E se continuará a negar a eles a dignidade e os direitos que nunca lhes foram outorgados.

Eis a armadilha da "perfeição" que El-Kurd desmonta neste livro esclarecedor, o mais corrosivo que já li sobre o tratamento preconceituoso e desumano que os palestinos têm (que nós temos) recebido durante um século de ocupação territorial, e que, aos olhos de seu autor (e aos meus olhos), alcançou o auge nessa aceleração do genocídio que estamos testemunhando. El-Kurd, um palestino desapropriado de sua casa em Cheikh Jarrah e desterrado em Nova York, escreve sobre essa sinistra incongruência orientalista e islamofóbica com a irreverência e a ferocidade de um poeta, a audácia de um jornalista, o compromisso de um ativista, a lucidez de um intelectual; ele é tudo isso, mas é, especialmente, um ser humano sensível, disposto a levantar questões tão incômodas quanto urgentes sem se ater à restrita cartilha ditada por Israel e praticada pelos Estados Unidos e pelos países europeus, sem se deixar intimidar nem por acusações hipócritas, nem pelas represálias prometidas àqueles que ousam denunciar os crimes de lesa-humanidade que continuam a ser cometidos contra o seu (o nosso) povo.

É o valor da vítima "imperfeita" que El-Kurd reivindica por sua *valentia* e pela *valoração* de sua existência e da de sua gente, *validando* sua história e se orgulhando dela. O autor celebra a rebeldia dos palestinos como "fazedores de história" e sua recusa a serem os "objetos historizados" que algum pesquisador estudará depois, quando explorará os mortos e suas mortes para angariar capital acadêmico. Mas isso será depois: agora não convém ouvi-los. Não convém falar sobre eles usando seus próprios termos. Não convém se desviar da poderosa cartilha sionista.

Embora o extermínio palestino seja flagrantemente *visível*, ele está sendo *brutalmente* silenciado: muitos congressistas e parlamentares se negam a reconhecer que Israel está levando a cabo um genocídio, abstêm-se de julgá-lo e, portanto, de interrompê-lo; a grande mídia, ao se submeter à linha editorial sionista, ignora a imparcialidade e a objetividade que apregoa; os mais respeitáveis repórteres (judeus, cristãos, até mesmo alguns muçulmanos) se protegem repetindo o que lhes é dito sem verificação ou questionamento, culpando as vítimas por seus atos e afiliações e deixando intocadas as ações do sionismo; as redes sociais restringem a circulação dos fatos; e as universidades, além de punirem aqueles que se manifestam contra a matança, impõem listas de palavras proibidas, entre as quais figura o termo "genocídio". Não apenas calam aqueles que podem e devem falar, mas silenciam os palestinos como relatores de sua circunstância, assassinando centenas de escritores e jornalistas palestinos que, profissionais, amadores ou impelidos a fazer algo, saem às ruas para registrar o horror como se fosse (e tem sido) a única e a última coisa que poderiam fazer. Suas imagens são descartadas como "falsas" (não seriam hospitais e escolas, mas ninhos de terroristas; não seriam civis assassinados, mas criminosos; não seriam crianças famintas, mas bonecos). Suas mensagens são denunciadas e difamadas como exagero manipulador. Porém El-Kurd nos lembra de que se trata de mais uma tática colonial: negar ao colonizado a chance de fornecer um contexto e explicar os fatos, e impedi-lo de usar a mídia e a linguagem para se fazer ouvir, para se fazer entender, para fazer com que os outros se solidarizem com seu sofrimento.

Ainda assim, apesar de seu ceticismo quanto ao poder político da escrita, apesar de considerar que escrever neste tempo tortuoso é insuficiente diante das bombas e do luto, o autor, sem humildade e sem qualquer superioridade moral, narra vidas com nome e sobrenome, lança argumentos, propõe contradições e se faz (nos faz) perguntas difíceis, devastadoras, que decolonizam a narrativa do colono. Questiona as estratégias e as táticas, ideologias e impulsos, hipóteses e crenças que se infiltram no discurso dominante sobre os palestinos.

É preciso que se evite pensar este livro como um mero documento deste tempo brutal. É fundamental deixar que ele nos interpele, que quebre os preconceitos orientalistas que nos atravessam, os vieses que usamos, por mau costume, talvez inconscientemente, quando chamamos de "conflito" o que é, na verdade, uma "ocupação colonial", ou quando chamamos de "guerra" essa deliberada política de extermínio étnico, que cumpre todos os requisitos de um genocídio. É indispensável considerar a poderosa acusação que El-Kurd faz sobre a desumanização a que os palestinos são submetidos, não apenas ao serem classificados de "animais humanos" ou simplesmente de "animais" (como sempre fizeram os líderes do sionismo), mas, também, o que é ainda mais grave, ao terem, tratados assim, seus corpos, seus medos, suas angústias, a dor que sentem quando são humilhados e espoliados, quando são assassinados seus filhos, seus pais, todos os seus familiares, seus amigos.

A raiva aflora ou deveria aflorar neles como em qualquer ser humano submetido ao horror. Ou não é humano sentir ódio por aqueles que nos exterminam?, pergunta incisivamente El-Kurd em passagens veementes do livro. Não é humana a dor e o ódio que a vítima experimenta e que, no caso palestino, se vê obrigada a reprimir para não ser acusada de terrorista? Esse ódio diante da violência de seu opressor desmerece a vítima? Faz dela *menos* vítima? Mina seu status de sofredor? Torna-se uma desculpa para que a violência contra ela persista? Justifica o atual genocídio de todo um povo? A vítima, por mais "imperfeita" que seja, declara El-Kurd muito humanamente, merece que reconheçamos seu sofrimento e sua dor, que nos tornemos responsáveis não apenas por sua sobrevivência, mas por exigir para ela a vida.

Lina Meruane
Santiago, 24 de agosto de 2025

[Traduzido do espanhol por Mariana Sanchez]

Para Omar,
que, no momento que escrevo,
permanece encarcerado numa prisão sionista.

Em amorosa memória do
dr. Refaat al-Areer,
e de todos aqueles que ousaram romper limites.

mesmo que!
mesmo que!
mesmo que!

Nota(s) do autor

1. Eu já falei muito e falei muito pouco sobre o tema desta obra, que é, mais do que a questão palestina em si, um tema a que nos referimos por muitos nomes e que já foi extensamente debatido. Este livro é minha humilde tentativa de apresentar meu argumento de modo coerente e abrangente, embora ele siga sendo, em todos os sentidos, uma obra incompleta. Não é apenas o luto que torna o processo de escrita durante tempos de genocídio uma tarefa torturante; é, mais do que isso, o reconhecimento da palavra escrita como algo vergonhosamente insuficiente diante de bombas de uma tonelada.

2. É preciso admitir que o capítulo mais sangrento da nossa história acentuou uma mórbida correlação que existe há muito tempo: quanto mais mártires há, mais tribunas surgem. Não há como negar que o palestino no Ocidente e em muitas partes do mundo árabe enfrenta níveis impressionantes de violência, repressão e apagamento. No entanto, em certos nichos progressistas da mídia, do mundo da cultura, da academia e da política, a "Palestina" emerge como

uma moeda social para certos indivíduos. Nossa responsabilidade — e o mínimo que cada um pode fazer — é ampliar os limites do que nos é permitido.

3. Nenhuma análise de uma "política do apelo" pode ser escrita sem que primeiro se reconheça que o mundo de hoje é diferente do mundo de ontem. Nosso povo se sacrificou e lutou com habilidade para operar dentro e em torno de um sistema inviável. Embora eu reclame, com frequência, da natureza discursiva de nossas batalhas, não posso esquecer que até pouco tempo nós mal existíamos em qualquer discurso dominante. É tentador levar em frente tal raciocínio dizendo que a infraestrutura da nossa sociedade civil hoje eclipsa a do passado, que nossos revolucionários e intelectuais de outrora foram vigiados, silenciados e reprimidos com uma brutalidade que, desde então, caiu em desuso. Gaza, todavia, anula essa leitura. Não quero que comparemos nosso passado com nosso presente. Quero que inventemos um novo futuro para que possamos sair da rodinha do hamster.

4. A crítica é uma coisa boa. Não me refiro à autoflagelação ou à culpabilização das vítimas; críticas de boa-fé devem ser recebidas com boa-fé. No entanto, não considero *Vítimas perfeitas* uma crítica, por si só. Tampouco o considero um manifesto ou uma monografia. Trata-se, antes, de um questionamento de estratégias e táticas, de ideologias e impulsos, e de hipóteses e crenças, uma infiltração nos discursos dominantes. Tento injetar o local e sua autoridade epistêmica,

que são massivamente ignorados, no global — o arrogante e autocrático global. Hoje em dia, está na moda chamar este momento pelo qual estamos passando de "sem precedentes", porém, mais do que isso, trata-se de um momento existencial. As pessoas cujas vidas estão em perigo, cujos sacrifícios voluntários (e com maior frequência involuntários), e cuja produção de conhecimento, eloquente ou não, continuam a moldar este momento, terão seu papel como protagonistas negado e serão tratadas, ao contrário, como meros espaços antropológicos de miséria, sujeição ou epifanias tardias. Tento com este livro restituir a essas classes esmagadas e invisibilizadas, às quais sou leal, seu papel de fazedores da história, em oposição ao papel de objetos historicizados. Mas, para além de tentar construir pontes entre a Palestina e o mundo, quero enfrentar a tensão entre a pátria e a diáspora.

5. A palavra "ilegal" não aparece neste livro, nem eu me apoio muito numa perspectiva baseada em direitos. Tendo nascido e crescido na Palestina, não preciso ser particularmente perspicaz para compreender que a lei é, com frequência, a arma mais letal no arsenal do opressor. Embora eu admire os esforços extraordinários feitos neste campo (como o dos advogados de direitos humanos, e o processo de genocídio aberto pela África do Sul na Corte Internacional de Justiça etc.), não acredito que seja a única linguagem pela qual possamos fazer avançar a causa palestina. Já existem muitos livros sobre direito. E há vastos universos fora dos tribunais.

6. Nos primeiros capítulos deste livro, o leitor notará que os nomes de figuras palestinas (ou árabes), de prisioneiros e mártires são acompanhados por breves biografias ou obituários no corpo do texto; contudo, à medida que os capítulos se seguem, esses identificadores passam para notas de rodapé. Isso não indica que suas histórias sejam marginais. Pelo contrário, quero tratar nossos mártires e prisioneiros como nomes familiares. Não quero discursar diante do leitor; quero falar com o leitor como se ele fosse um convidado na *minha* sala de estar. Devo mencionar que as mudanças de tom ao longo do livro (do lirismo para a análise, a tristeza, o sarcasmo, a indignação e vice-versa), também refletem a intimidade e a soberania desse tipo de narrativa, que se dirige ao leitor não como um juiz, mas como um estranho curioso, ou melhor ainda, como um visitante familiar, sem medo, jargões ou pretensões.

7. Esses deslocamentos, a um só tempo calculados e espontâneos (entre o árabe e o inglês, a poesia e a prosa, o jornalismo e o ativismo político, a narrativa pessoal e a reportagem etc.), influenciam também o modo como o texto flutua, aparentemente de modo aleatório, entre a primeira, a segunda e a terceira pessoa ao discutir os palestinos. Às vezes uso "eles" para me referir ao povo palestino, como se estivessem num planeta distante; outras vezes digo "nós" ou "eu". O uso de diferentes pronomes é de fato bastante representativo das condições díspares dos palestinos, sejam elas políticas, socioeconômicas ou relacionais, condições essas violentamente marcadas pela fragmentação colonial.

8. Por fim, ao longo do livro, há um uso desproporcional de pronomes masculinos. Isso é proposital. Por um tempo demasiadamente longo, os palestinos foram reduzidos a "mulheres e crianças". Uma das implicações disso é roubar das mulheres e das crianças sua capacidade de ação e suas contribuições políticas ou revolucionárias. Outra implicação é a demonização ainda maior dos homens palestinos como merecedores da morte e indignos do luto, exilados do abraço das pessoas amadas. Frequentemente uso "ele" em referência ao "palestino" porque quero forçar o leitor a ficar frente a frente com o homem palestino. Quero que o leitor se depare com esse contingente demográfico complexo e contraditório, e não apenas com aqueles dentre nós presumivelmente gentis ou generosos; não apenas os pais, mas também os guerreiros.

1 Não há sangue nas mãos do atirador

Sobre desumanização

E os homens são homens e as mulheres são homens
E as crianças são homens!
Padraic Fiacc[1]

Nós morremos muito. Morremos em manchetes efêmeras, entre suspiros. Nossa morte é tão cotidiana que os jornalistas a noticiam como se estivessem falando do tempo: *Céu nublado, chuvas leves, e três mil palestinos mortos nos últimos dez dias.* E assim como no caso do tempo, o único responsável é Deus, e não os colonos israelenses armados, não os ataques direcionados de drones.

Não prestamos atenção a cadáveres nos nossos campos. Sua existência é monótona, previsível. O morticínio é a tal ponto implacável que é quase esperado — antecipado — por aqueles que logo serão abatidos. Seus pulsos, grandes e diminutos, presos às costas por algemas em viaturas policiais. A morte está em toda parte. Até a metáfora é vítima da guerra.

---

1 Cf. "Soldiers" (Fiacc, 1979).

O figurativo se tornou dolorosamente literal: barbas cobertas de sangue, móveis em árvores, um membro dependurado num ventilador de teto, mulheres dando à luz no concreto. Et cetera. Será que estamos acostumados demais com o horror? O que antes era horripilante, o que um dia foi presságio de um desastre, hoje faz parte da paisagem; a morte agora é um espantalho que já não assusta. Mesmo quando os corvos crocitam mais alto, seu ruído atinge apenas ouvidos desinteressados. Não restou nenhuma santidade à morte. Nenhuma divindade vem ao resgate. Morremos esquecidos. Morremos muito e em completo abandono.

Nossos massacres só são interrompidos por intervalos comerciais. Juízes os legalizam. Correspondentes nos matam com voz passiva. Se tivermos sorte, diplomatas dirão que nossa morte é causa de preocupação, porém, eles jamais mencionam os culpados, muito menos os condenam. Políticos, inertes, ineptos ou cúmplices, financiam nossa morte, depois fingem empatia, quando muito. Acadêmicos não se mexem. Quer dizer, isso até que a poeira baixe; depois eles escreverão livros sobre como tudo deveria ter sido. Cunharão termos e coisas do gênero. Lecionarão no pretérito. E os abutres, mesmo em meio a nós, farão passeios por museus, glorificando, romantizando aquilo que um dia condenaram, aquilo que não se dignaram a defender — a nossa resistência —, mistificando, despolitizando, comercializando. Os abutres farão esculturas de nossa carne.[2]

---

2 Trechos dessa passagem apareceram em "Are we indeed all Palestinians?" (El-Kurd, 2024c).

E morremos. Atiradores aqui, aviões militares ali, expulsões, exílios, apagamento, genocídio, infanticídio, humilhação, corações partidos, privação, encarceramento, roubo, sede,[3] tortura, fome, pobreza, isolamento, derrotismo, chantagem, sacrifício, heroísmo, suicídio altruísta. Basta escolher. Nosso povo se decompõe nos pátios de hospitais, assim como nossos avós apodreceram na praia de Tantura. E morremos sem despedidas: o que você diz para famílias de mártires que enfrentam a ocupação até mesmo na morte? Seus filhos são mantidos reféns nos cemitérios dos números ou congelados em câmaras mortuárias. Seus corpos se tornam instrumentos de barganha.[4] Ou sendo recolhidos para doações de órgãos.[5]

---

3 "Por meio de ataques persistentes, sistemáticos e abrangentes às fontes de água e às unidades de dessalinização da Faixa de Gaza, Israel usa a água como uma arma contra os civis palestinos. Além de impor a fome, Israel está deliberadamente reduzindo a quantidade de água disponível para os residentes da Faixa." Cf. Euro-Mediterranean Human Rights Monitor (2024b).

4 Cf. "The politics of Karameh" (Wahbe, 2020); "The Warmth of Our Sons: Necropolitics, Memory, and the Palestinian Quest for Closure" (Hassan, 2019). Cf. também "Maqaber al-Arqam" (مقابر الأرقام), Campanha Popular Nacional lançada para pressionar as autoridades israelenses a entregarem os corpos das vítimas palestinas e árabes da ocupação mantidos em algum Cemitério dos Números e em outras morgues, para que seus familiares e entes amados possam se despedir deles.

5 O Euro-Mediterranean Human Rights Monitor (2024a) relatou "preocupações" com a possibilidade de o regime israelense ter roubado órgãos de cadáveres palestinos, citando profissionais da área médica que documentaram indícios de "possível roubo de órgãos por militares israelenses", o que inclui "cócleas e córneas ausentes, e outros órgãos vitais como fígado, rins e coração" em corpos de palestinos

Como você noticia o que deveria ser uma ficção? Nossos jornalistas são poetas, ou quase, quando narram toda essa morte. E os poetas escrevem com facas.[6] Nossos ferreiros não produzem espadas, e os rifles nas nossas cidades servem apenas para proteger a mansão presidencial. Por isso os jovens tomam as ruas com armas de brinquedo. Enfrentam dragões e dinossauros, os colonizadores e seus subcontratados. Aqueles nascidos e criados na violência, aqueles que passam a vida encarando os canos de M4s e M16s de fabricação americana, compreendem que serão massacrados quer peguem a Carlo, quer não.[7] Nós morremos muito, numa teimosa recusa.

---

mortos devolvidos por militares israelenses à parte sul de Gaza. Cf. "Israel harvesting organs from Palestinian bodies, say Gaza officials" (*The New Arab*, 2023b); "Doctor admits Israeli pathologists harvested organs without consent" (Black, 2009).

6 Cf. estrofe 3 (Qabbani, 1967):

يا وطني الحزين
حولتني بلحظةٍ
من شاعرٍ يكتب الحب والحنين
لشاعرٍ يكتب بالسكين

Ó meu país triste/ Num lampejo me transformou/ de poeta que escrevia amor e saudade/ em poeta que escreve com a faca da dor. [A tradução dos trechos em árabe neste livro são de Safa Jubran. Há alguns sem tradução, em respeito à versão original do livro em inglês – N. da E.]

7 Submetralhadora de baixo custo, produzida em oficinas improvisadas na Palestina ocupada. Embora seja de fácil fabricação, a arma é imprecisa e tende a travar e a falhar. Seu apelido vem do nome Carl Gustaf M/45.

O sionismo é a principal *causa mortis* na Palestina ocupada, tanto pela violência direta, sancionada pelo Estado, quanto pela violência indireta, derivada dela, que se espalha pela burocracia sufocante, pelos ataques psicológicos inescapáveis e pelos impetuosos conflitos entre comunidades.[8] Ainda assim, essa morte causada pelas mãos do homem é tratada como qualquer outra dentre as principais causas de óbito – as doenças cardíacas nos Estados Unidos, a demência na Inglaterra – e dificilmente desperta preocupação, que dirá condenação. Muito pelo contrário, nossa morte é sustento para o mundo em que vivemos, necessária para manter as coisas como são. Nosso sangue é o preço que o colonizador paga pela sensação de "segurança" da colônia. O império ceifa as vidas daqueles que amamos para prolongar seu reinado. E nosso luto é desprezível, nossa raiva, injustificada. Quanto mais as pessoas que amamos são mortas pelo colonialismo sionista, menos espaço nos oferecem para viver o luto por essas perdas. Não podemos narrar esse roubo colossal de vida, muito menos vingá-lo.

Para que nossos mártires tenham importância, é preciso que tenham vivido como pessoas espetaculares ou que tenham sofrido uma morte espetacularmente violenta. E quando digo "uma morte espetacularmente violenta", penso no assassinato de Mohammed Abu Khdeir, um menino de dezesseis anos

---

8 O sionismo é uma ideologia política, nascida no século XIX, na Europa Central e do Leste, que afirmava que a criação de um Estado judeu seria a única solução viável para o problema da perseguição aos judeus. Trata-se de uma ideologia da desapropriação, um empreendimento expansionista e racista de tipo colonial. A Nakba, duradoura e contínua, segue sendo a mais evidente cristalização da ideologia sionista.

raptado de sua vizinhança na Jerusalém ocupada por colonos judeus, brutalmente espancado, forçado a beber gasolina[9] e depois incendiado vivo.[10] Penso em Hind Rajab, de seis anos, assassinada por soldados israelenses ao lado dos socorristas que foram resgatá-la[11] após ela ter ligado para a emergência de dentro de um carro crivado de balas, cercada pelos cadáveres de seus familiares,[12] implorando, por três horas, no telefone: "Venham me pegar. Vocês podem vir me pegar?".[13] Penso no macabro e no perverso. Fora isso, como na maior parte dos casos, depois de a notícia ser anunciada em silêncio, as pessoas amadas por nossos mártires se unem a uma longa fila de famílias que lamentam longe das câmeras e só sabem pedir a Deus por justiça. Fora isso, como na maior parte dos casos, os mortos estão condenados a se tornarem mais uma estatística esquecida ou são, até mesmo, considerados merecedores da morte.

A morte israelense, por outro lado, é uma história diferente, trata-se da reportagem de capa. O amor que os mortos deles recebem é feroz, ardente, incandescente — ilumina a Casa Branca e a Torre Eiffel. O mundo chora as perdas israelenses incondicionalmente e transforma esse luto em combustível para o genocídio. Aqui, a dor se torna moeda. Aqui, o amor se torna máscara.

---

9 Cf. "Two letters from Jerusalem: Haunted by our breathing" (Shalhoub-Kevorkian; Ihmoud, 2014, p. 8).

10 Cf. "Autopsy shows Palestinian teen 'burned alive'" (Carlstrom, 2014).

11 Cf. "Israel's war on Gaza: List of key events, day 169" (Al Jazeera, 2024a).

12 Cf. Kelly et al., 2024.

13 Cf. "'They were so close': Israel kills medics trying to save dying 6-year-old Hind Rajab" (*Democracy Now!*, 2024).

E entre os amantes há o que sofre de verdade
e outro que diz compartilhar a dor.
Quando as lágrimas se confundem nas faces
distingue-se quem de fato chora de quem apenas finge chorar.[14]

Dois dias após a ofensiva do Hamas de 7 de outubro de 2023 às colônias israelenses em torno de Gaza, o embaixador da Autoridade Palestina no Reino Unido (um oponente político do Hamas) deu uma entrevista à BBC, poucas horas depois de seis pessoas de sua família terem sido vitimadas por um ataque aéreo israelense. "Eles foram simplesmente bombardeados. O prédio em que eles moravam foi derrubado", ele disse à âncora do programa de TV.[15] As pessoas da família dele estavam entre os milhares (hoje, dezenas de milhares, se não centenas de milhares) de pessoas mortas no atual ataque genocida à minúscula e densamente povoada faixa de terra, onde mais de dois milhões de pessoas vivem sitiadas.

"Minha prima Ayah, os dois filhos dela, o marido, a sogra, e dois outros parentes morreram imediatamente, foram assassinados na hora, e dois dos filhos mais novos, um gêmeo, de dois anos, estão agora na UTI", ele disse.

O âncora respondeu: "Lamento pelas suas perdas. Mas, só para deixar claro: apesar disso, você não pode concordar com a morte de civis em Israel, pode?".

---

14 وفي الأحباب مختصٌ بوجدٍ وآخر يدعى معه اشتراكا
إذا اِشتَبَهَت دُموعٌ في خُدودٍ تَبَيَّنَ مَن بَكى مِمَّن تَباكى
Al-Mutanabbi, c. 354 AH/965 d.C.

15 Cf. "Israel vows 'terrible' response to Hamas attack" (Zomlot, 2023).

Essas respostas às nossas terríveis perdas, sejam no cenário internacional ou na mídia, não são meramente insensíveis. Elas revelam uma verdade muito mais perturbadora: o padrão, em todos os setores, é desumanizar o palestino.[16]

---

16 Trechos desse capítulo apareceram em "Jewish settlers stole my home, it's not my fault they're Jewish" (El-Kurd, 2023f).

Quando falo de desumanização, não estou falando, pelo menos não exclusivamente, dos filmes em que os atores pintam o rosto de marrom e gritam *Allahu akbar*, ou dos momentos de fúria televisionada em que políticos derrapam e nos chamam de "animais humanos".[17] Nem estou falando da retórica inequivocamente racista que nos animaliza: somos "um enxame" aqui, "uma infestação" ali, somos "hordas" de selvagens e bestas. Afinal, como poeta, também sou culpado de estetizar meu trabalho com bestiários.

A desumanização não é apenas o sentimento — arrogância? Ignorância? Medo? — que compele os colunistas e os enviados especiais analfabetos em árabe a escrever textos presunçosos (diatribes caluniosas, na verdade) sobre "a região". Quando falo de desumanização, estou me referindo a um fenômeno mais implícito e, no entanto, muito mais pernicioso e institucionalizado, uma prática aperfeiçoada pelos mais educados dentre nossos assassinos. Quando falo de desumanização, estou me referindo à recusa do Ocidente em olhar nos nossos olhos.

É a relutância ou a incapacidade do mundo de enxergar nossas tragédias como tragédias e nossas reações como reações; é a insistência em categorizar nossas normalidades como desvios. Instintos fundamentais — como a sobrevivência e a autodefesa — e condutas básicas intrínsecas à vida na Terra se tornam luxos aos quais só eles têm direito. Os desumanizadores não são apenas os direitistas vulgares e os policiais brutais, mas também os mais politicamente

---

17 Ibid.

corretos dentre os assassinos, que nos negam até mesmo contato visual antes de puxar o gatilho, ao atirar a sangue-frio, impessoalmente, a centenas de metros de distância. O atirador aqui, a figura distante com a autoridade de apagar nossa existência sem jamais ter de lidar com ela, perdura tanto num sentido literal, em nossas colinas e telhados, quanto num sentido metafórico, em governos e redações. Nessa realidade, as mãos do atirador estão limpas de sangue.

E os atiradores estão em toda parte: os jornalistas dissimulados, os burocratas covardes, os carrascos inconspícuos, os filantropos que mineram nossas tragédias em busca de ouro, os âncoras de televisão que ofuscam essas tragédias, os missionários que encontram sua salvação em nossa morte, os advogados do diabo, os diversionistas, aqueles que criam pistas falsas, os conselheiros políticos inescrupulosos, os ativistas que agem como manipuladores de marionetes, os que capturam a elite, os elitistas em nossas fileiras que exigem de nós certa dança, que nos aprisionam no panóptico de seu olhar, os autointitulados intelectuais, o clero que sussurra quando deveria gritar, os muito bem alimentados fabricantes de armas e os administradores de universidades que os alimentam, e os acadêmicos que se esbaldam na arrogância e na voluntária interpretação errônea, que mutilam Frantz Fanon e Walter Benjamin, que negam a natureza humana e contestam até mesmo as leis da física para patologizar nossa resistência. Nessa realidade, não há sangue nas mãos do atirador, porém, a conta dos cadáveres que ele produz é sempre insuperável.

A desumanização nos deslocou para fora da condição humana — nos ejetou —, a ponto de que o que seria logicamente compreendido como a reação natural de um homem ao ser subjugado passa a ser um comportamento inquietante, incompreensível e primitivo, se partir de nós. O que torna algumas pessoas heróis é o que faz de nós criminosos. É quase simplista dizer que somos culpados por termos nascido. Nossa existência é puramente mecanicista: somos lembrados, por meio de políticas e procedimentos, de que, infelizmente, nascemos para morrer. E em nossa marcha determinista rumo ao túmulo, encontramos uns aos outros como estranhos desafortunados, recém-chegados e sem futuro. Nossas contribuições intelectuais e nossa participação institucional são restringidas. Nenhum atributo deve ser aplicado ao povo palestino ("os palestinos", como nos chamam) exceto os danosos ou os passivos. Não somos seres humanos, somos enigmas, irritantes, assustadores: cada ação nossa convida a um indiciamento, e cada sentimento, sem exceção, é uma ameaça embrionária.

Quando produtores de TV nos convidam para participar de seus programas, eles não estão interessados em nos entrevistar em função de nossas experiências ou da análise ou do contexto que podemos oferecer. Não nos oferecem suas condolências do mesmo modo que fazem com a nossa contraparte israelense. Eles nos convidam para nos interrogar. A ex-diretora geral do Ministério de Assuntos Estratégicos Israelense dava a isso o nome de "conduzir uma campanha holística contra o outro lado. Levá-lo a sair da sua zona de conforto. Colocá-lo na defensiva".[18] *Argumentum ad hominem*. "Você desacredita o mensageiro como uma maneira de desacreditar a mensagem" tem sido há muito tempo um mantra israelense. Pois as nossas tribulações não podem ser "desacreditadas", mas o nosso caráter pode. Eles nos transformam em criminosos do pensamento, culpados da nossa raiva e dos nossos rancores, das nossas respostas naturais à brutalização. Testam as respostas comparando-as com o viés inerente aos espectadores. As bombas despejadas sobre a sitiada Faixa de Gaza se tornam secundárias, se não completamente irrelevantes, para nossos julgamentos televisionados. Morremos muito como réus.

O modo como temos sido vistos, como lidam conosco, como somos governados, por séculos, no Ocidente e pelo Ocidente, é ditado por nosso status de "brutos". Mesmo quando esse status não está mais explicitamente codificado

---

18 A ex-diretora do Ministério de Assuntos Estratégicos, que agora faz parte do Ministério de Assuntos Estrangeiros, é Sima Vaknin-Gil, citada em *The Lobby*, 2017.

na forma de lei, ou seja, caso se acredite que a humanidade é definida pela cidadania, isso ainda permanece. Esconde-se em letras miúdas. Embora os aborígenes e nativos do Estreito de Torres tenham conquistado o status de súditos britânicos pelo Ato de Nacionalidade de 1920 (bom, apenas aqueles nascidos de 1921 em diante) e tenham recebido automaticamente a cidadania australiana pelo Ato de Nacionalidade e Cidadania de 1948, eles não podiam se casar sem o consentimento das autoridades australianas, nem podiam deixar o país sem permissão do ministro da Imigração antes de 1973.[19] Só foram incluídos na contagem populacional pelo Censo de 1971.[20] Até hoje, eles continuam a enfrentar a violência colonial e o apagamento. A cidadania tem sido historicamente uma formalidade oca para aqueles condenados à categoria dos desumanizados.

Os palestinos – independentemente de seu status legal, e frequentemente em função dele – são informados de que devem desprezar a si mesmos tão logo começam a observar seu ambiente. Não estamos em parte alguma do atlas, nossos inimigos se regozijam, e mal constamos dos arquivos oficiais. Nosso mundo é construído pelo colono, para o colono. ("Colono" parece ser uma palavra suave demais, indulgente demais: "ladrão homicida" é mais adequado.) O colono israelense tem em suas mãos o martelo do juiz, a batuta do maestro, e ostenta um decreto divino. O colono controla nossas águas subterrâneas, nossos mares e a chuva, e nos cobra

---

19 Cf. Jordens, 1999, pp. 24–28.

20 Depois do referendo dos aborígenes australianos de 1967.

por tudo isso, chegando a criminalizar nossa sede. Depois de desenhar as fronteiras, ele agora domina as fronteiras. Controla as estradas e o que passa por elas. Ele pode bloquear as artérias de nossa nação — e o faz.

O primeiro encontro com a realidade cruel da colonização é inesquecível e irreversível. Eu tinha cinco ou seis anos quando vi minha mãe, inexplicavelmente à época, tentar enganar o colono ao contrabandear carne debaixo do assento do passageiro enquanto meu pai dirigia de Bethlehem para Jerusalém. Eu não entendia o que transformava nossas compras em contrabando, nem porque precisávamos passar por uma barreira militar, nem porque meu pai dirigia com sua carteira de identidade azul entre o indicador e o dedo médio. Eu não sabia por que a identidade dele era azul, se a da minha tia era verde. Nem porque os soldados nos assediavam por horas e procuravam, até mesmo em nossas intenções, um motivo para nos algemar.

Muito antes de eu compreender, ou mesmo perceber, esse desequilíbrio de forças entre colonizador e colonizado, reconheci que havia algo de irreconciliável em minha presença: eu não podia simplesmente existir sem uma explicação sob medida que justificasse a minha existência, uma espécie de narrativa. Todo vizinho tinha uma narrativa, todo colega de classe tinha uma narrativa. Alguns de nós tínhamos sido internamente deslocados, outros eternamente empobrecidos. Nossas narrativas eram, na verdade, racionalizações do nosso lugar no mundo, ou do fato de não termos um — e digo "nosso lugar" em todos os sentidos da palavra.

As consequências da desumanização, tanto as mais impressionantes quanto as mais sutis, se revelam não apenas no modo como somos percebidos, mas no modo como nós mesmos nos percebemos. São consequências intrapessoais e intracomunitárias. Transgressões íntimas. A brutalidade do desumanizador tem nos seguido até mesmo em nossos aposentos, moldando o modo como conceitualizamos a nós mesmos, como criamos nossas crianças e construímos nossas instituições. Tem infestado as redações de jornais e os campi universitários. Invadido nossos lugares de culto. Arruinado nossos hospitais. E enchido nosso coração de medo, um medo vigilante, ensaiado, que tem transformado declarações estrondosas em sussurros anônimos.

Ao longo da infância, observei as pessoas à minha volta — meus pais em nossa casa, vendedores de cerâmicas e de souvenires na Cidade Velha, guias turísticos e taxistas — recitarem prelúdios aparentemente decorados antes de suas declarações, como se estivessem se antecipando a uma acusação. Nada disso acontecia na nossa língua materna. Era um esporte árduo que jogávamos fora do árabe, quando *al ajanib*, "os forasteiros", nos agraciavam com sua presença. Um *ajnabi* podia ser qualquer um: o diplomata visitante, o ativista bisbilhoteiro, o turista pervertido, o fraudador de Long Island,[21] "aqueles que vagam pela terra devastada".[22] Qualquer um analfabeto em nossa linguagem não verbal de acenos e sorrisos ou, pior, qualquer um que suspeitasse dela. Sempre na defensiva, nós nos definimos por aquilo que *não* somos, não pelo que somos. É essa condição, viva e estridente, que o palestino nasceu para reverter.

---

21 "E se eu não roubar, alguém vai roubar."

22 Cf. Bíblia, Números 14:33.

Aqui no Ocidente (seja lá o que "Ocidente" signifique hoje em dia), tanto nas telas de televisão quanto nos campi universitários ou nos gabinetes dos governos ou no imaginário público, os palestinos existem em uma falsa — e estrita — dicotomia: ou somos vítimas ou somos terroristas.

Aqueles que são vistos como terroristas jamais têm a oportunidade de falar por si mesmos e raramente têm acesso ao devido processo legal.[23] São criaturas quase míticas, matéria-prima de histórias assustadoras: lobos maus com sobrancelhas franzidas e peludas, presas afiadas, e politicamente incorretos num grau assustador. Eles andam pelas ruas murmurando num árabe agressivo, às vezes até mesmo lendo o Alcorão, salivando por saquear e atirar contra tudo que veem. Cuidado, eles vão te pegar. Escondam suas esposas, escondam seus aviões, escondam seus escudos humanos. Muitos dos que estão lendo essas frases têm uma imagem mental daqueles que estou descrevendo e, não seria exagero dizer, associam sentimentos e memórias sérios a essas imagens mentais. Aqueles dentre nós vistos como terroristas não podem ser lamentados.

---

23 No discurso público, os critérios para definir o que faz de alguém um terrorista são pouco rigorosos. O terrorismo, acima de tudo (e essa não é uma avaliação especialmente perspicaz), tem a ver com a motivação política da pessoa, não com suas ações. Tem a ver com raça, religião e retórica. Isso é particularmente verdade no Judiciário israelense. Por exemplo, em 2021, o regime israelense designou seis importantes grupos da sociedade civil e de direitos humanos da Palestina como "organizações terroristas", incluindo, comicamente, a Defesa Internacional para Crianças. Cf. El-Kurd, 2021c.

Por outro lado, àqueles que são vítimas — ou a quem se concede o status de vítima mesmo depois que fracassaram em morrer — por vezes se entrega o microfone e pede-se que falem. Mas suas palavras nesse microfone vêm com um alto preço. É preciso cumprir pré-requisitos. Vítimas palestinas precisam estar feridas e fracas: feridas demais para combater e fracas demais para franzir a testa ou as sobrancelhas. E se estiverem de luto, só podem ser as viúvas chorosas, cuja dor é inexplicável demais para se contextualizar, ou os órfãos cujos pais tiveram omitida a "causa da morte" em seus obituários. Seus gritos angustiados existem fora da história e da política, seus ferimentos são exibidos sem um culpado.

Caso o convite à fala seja estendido a palestinos que em algum momento foram lobos, eles agora são dóceis e tiveram suas presas arrancadas, apenas uivando em agonia para a lua.[24] Jamais avançam ou atacam, muito menos caçam em grupo. Se eles advogam em causa própria, devem narrar apenas suas tragédias pessoais. Nem ideologias políticas, nem — Deus me livre — ambições nacionalistas devem incentivar sua campanha. É preciso permanecer individualista, nunca em defesa de uma causa coletiva e jamais por meio de uma organização coletiva, e é preciso apenas buscar remediar crises humanitárias que, como terremotos e eclipses, ocorrem isoladamente dos assuntos internacionais.

---

24 Um dos meus amigos insistiu para que eu esclarecesse que os lobos, na verdade, não uivam para a lua, que isso não passa de um mito. Lobos uivam num grito de guerra social, para dar início a uma caçada, expressar domínio territorial, ou alertar outros lobos sobre sua localização.

Nossa resposta a essa dicotomia — ou melhor, nossa resposta ao fato de sermos acusados de terrorismo, de sermos ejetados da condição humana — tem sido a política do apelo, uma prática que utiliza um conjunto de táticas criativas de relações públicas planejadas para levar adiante nossa causa, tentando incessantemente cumprir os requisitos acima mencionados. Quando os critérios são atingidos, de modo mágico, maravilhoso, os palestinos podem enfim escapar da categoria circunscrita do terrorista e encontrar refúgio na categoria ainda mais estreita das vítimas.[25]

---

25 Trechos dessa passagem foram publicados em "The right to speak for ourselves" (El-Kurd, 2023i).

Ponha sua cabeça entre essas cabeças
e diga: "Venha decapitador!".
Provérbio levantino[26]

O ladrão tem nas mãos um martelo de juiz; o mentiroso tem um diploma de jornalismo; e as facas do açougueiro são financiadas com verbas públicas. As pessoas que se engajam em uma política do apelo reconhecem — às vezes contra sua vontade, muitas vezes protestando — que o nosso mundo é governado por hierarquias e imperadores que não nos favorecem em nada. O fato de que o mundo está de cabeça para baixo é uma verdade fácil, aceita pela maioria. A ideia de que as pessoas comuns podem mudar o mundo é um cenário improvável. O poder, nessa análise, é uma estrutura imutável e indelével, cravada em pedra, e não uma entidade imponente,

---

26 Este provérbio (حط راسك بين هالروس وقول يا قطّاع الروس) não é uma referência ao ISIS [Estado Islâmico do Iraque e da Síria], como a imaginação colonial poderia supor; trata-se, na verdade, de uma referência à própria opressão colonial, e se tornou especialmente popular durante a ocupação britânica da Palestina (1917-1948), quando o camponês palestino, nas palavras de Ghassan Kanafani, se transformou em "uma criatura de abjeto fatalismo" devido à "abjeta pobreza, à esmagadora repressão e a séculos de repressão nacional e de classe". Essas condições criaram uma atmosfera de "derrotismo, fatalismo e passividade política que se refletia nos mais difundidos provérbios e ditados". Na análise de Kanafani (2023, pp. 26-27), os intelectuais — em particular os poetas — trabalharam para transformar essa cultura da passividade em uma cultura de resistência, na qual a coragem anticolonial deixava de ser temida e passava a ser abraçada.

mas frágil, construída na areia. Uma areia endurecida, fortificada, uma areia de bilhões de dólares, porém — *porém!* — ainda assim areia.

Por meio dessa visão axiomática do poder, é possível compreender que uma política do apelo se reduza, na melhor das hipóteses, a tentativas astutas de burlar o sistema, de vencê-lo em seu próprio jogo. Ou, na pior das hipóteses, ela pode ser vista por lentes estritamente reformistas: um esforço para alterar o status quo, mas nunca para demoli-lo. Neste último caso, aqueles que juram fidelidade a ele provavelmente o fazem por acreditar honestamente nos binarismos que o sustentam (bem versus mal, civilizados versus incivilizados, soldado versus terrorista etc.), mas sentem que existem certas exceções a essas categorias dicromáticas. Por exemplo, alguns podem respeitar a violência de homens e mulheres em fardas militares como um prosaico e indispensável fato da vida, ao mesmo tempo que ficam chocados com atos violentos orquestrados por "lobos solitários" de sandálias e moletom.[27]

Ao apaziguar essa visão de mundo, reforçamos involuntariamente a ordem social e institucional que criou esse dilema para nós em primeiro lugar. E involuntariamente reproduzimos aquilo que buscamos subverter (e que deveríamos querer abolir). Uma vez interiorizada a dicotomia, produzimos vítimas perfeitas não apenas para simpatizantes sinceros e aliados profundamente comprometidos, mas para toda a ardorosa congregação: os ativistas autoritários,

---

27 Excluo dessa crítica aqueles que são ideologicamente pacifistas por princípio.

os liberais voyeurs, as empáticas esposas de militares, os africâneres arrependidos e os netos de nazistas.

Praticar a política do apelo significa lançar mão de todas as ferramentas disponibilizadas pela instituição, "as ferramentas do senhor" — muitas vezes desafortunadamente, embora por vezes com moderado êxito. E sempre em sintonia com a lógica da instituição. Não apenas fomos ensinados a "ignorar nossas diferenças" e a ser indulgentes "com a patética farsa" de que elas não existem,[28] mas também a imitar uma criatura mítica absurdamente conveniente — *o civil inocente* —, na esperança de sermos absolvidos do crime de ser palestino. De vez em quando, o juiz — *o ladrão! o assaltante!* — pode decidir que uma execução pega mal ou que um roubo não justifica a dor de cabeça. Não vale a pena. Embora seja raro, esse desvio está fadado a acontecer.[29] No entanto, o dia em que o juiz atear fogo ao tribunal será o dia em que "o burro subirá no minarete".[30]

Já vimos, porém, coisas mais estranhas do que um burro chamando para a oração com seus zurros. Vimos uma nação

---

28 Em *Irmã outsider*, Audre Lorde escreveu essas palavras para se referir especificamente às demandas feitas pelas mulheres na sociedade ocidental, e afirmou: "Como mulheres, fomos ensinadas ou a ignorar nossas diferenças, ou a vê-las como causas de separação ou suspeita e não como forças para a mudança" (Lorde, 2019).

29 "Centenas de milhares de palestinos foram julgados e condenados em julgamentos farsescos [realizados por militares israelenses] — com uma taxa de condenação superior a 99%..." (Addameer, 2022, p. 2).

30 Provérbio palestino, que denota algo que nunca vai acontecer, equivalente às expressões "quando porco criar asa" e "no dia de São Nunca" (لمّا يطّلع الحمار على الميدنة).

ser punida pelo genocídio de outra nação. E vimos Deus ser usado como um corretor imobiliário, outorgando casas em Jerusalém para gente do Brooklyn.[31] Portanto, nada é impossível. Então talvez seja mesmo verdade: se apararmos nossas bastas sobrancelhas e extrairmos nossos caninos, se arrancarmos aquilo que é espinhoso e ofensivo de nosso léxico, se renunciarmos ao Alcorão e a seu árabe tempestuoso, e se deixarmos aquelas pedras e os aviões em paz, seremos libertados. Estaremos livres para sermos retratados em documentários e estampados em jornais. Livres para sermos pranteados. Livres para falarmos da Palestina, na Palestina, em Palm Springs, em Prichsenstadt. Em palcos e tribunas (nunca em mimbares, claro). Livres para enfim pronunciarmos nossos Ps.

---

31 Para compreender a realidade da colonização em Cheikh Jarrah, cf. El-Kurd, 2020; 2021a; 2021b.

Apelar para o senso moral das pessoas que nos oprimem não é o cerne da política do apelo; é apenas uma de suas facetas. Uma faceta que alguns dirão ter sido um dia historicamente necessária. Outras táticas incluem conquistar simpatia junto a estruturas tradicionais e não tradicionais de poder, explorar certos fenômenos sociais e políticos, ou apelar a interesses socioeconômicos. Et cetera. Uma tática que me pego usando com frequência é lembrar aos contribuintes dos Estados Unidos de que o regime sionista recebe um presente anual de bilhões de seus dólares na forma de ajuda militar. Enfatizar a cláusula subordinada, de que as armas usadas para subjugar os palestinos são de fabricação americana, é uma triste tentativa de dar um novo foco para a questão ou embelezar meu raciocínio: a maior parte dos americanos pode não pensar muito nos palestinos, mas o dinheiro deles está sempre na sua mente.[32]

A lista de táticas não para por aí. Apelar para a autoridade, para a emoção, para a pureza: "O Artigo 49 da Quarta Convenção de Genebra diz..."[33], "Imagine se esse garoto pa-

---

32 Desde 2021 e, especialmente, em 2023, não há como negar que a Palestina está na mente de muitos ocidentais. A mobilização em massa pela Palestina nos Estados Unidos e no Ocidente provou que a opinião pública sobre o suposto conflito, o sionismo e a resistência palestina mudou de modo positivo. O que se seguirá a essa mudança sísmica ainda está por ser de todo sentido, principalmente no que se refere às políticas públicas, mas não há como negar que a Palestina está no centro do palco.

33 "Transferências forçadas ou deportações de indivíduos ou em massa, assim como deportações de pessoas protegidas do território ocupado para o território da Potência Ocupante ou para qualquer outro país, ocupado ou não, estão proibidas, independentemente do motivo."

lestino fosse *seu* filho...", "Nenhum verdadeiro judeu apoiaria Israel...". Interseccionalidade: destacar programas de intercâmbios policiais, guerra cibernética, mudanças climáticas, o comércio de armas, "testadas nos palestinos, usadas na Caxemira", "há cristãos em Gaza", e assim por diante. Manobras diplomáticas: enviar delegações de crianças para falar com políticos, falar sobre seus "amigos israelenses" em plataformas internacionais, afirmações contra o antissemitismo antes de qualquer fala, "coordenação na área de segurança", acordos de paz.

E não se deve esquecer como a política do apelo moldou a produção cultural e a produção de conhecimento: para cada obra radical de literatura, há muitos mais livros relacionados à Palestina com crianças, maltrapilhas e sorridentes, na capa, independentemente do tópico específico do livro; para cada filme ousado, sem filtro, há muitos mais documentários desesperadamente convincentes que beiram a "pornografia do trauma" e filmes cujo protagonista é uma dócil mocinha com olhos de gazela. Algumas dessas táticas têm um grau de efetividade impressionante, outras, nem tanto, e todas são (quase) sempre aplicadas com sinceridade.

Nestas páginas, não vou tentar avaliar se a poesia — ou qualquer outro meio — pode ser útil para os palestinos. Quero examinar o palestino como ele aparece em certos poemas (ou filmes, ou discursos na ONU, ou entrevistas na mídia): seu afeto, seus objetivos, seus motivos, o limite de suas possibilidades. Como ele é apresentado ao leitor? Ele está fazendo somente uma ponta na história de outra pessoa? Está desempenhando um papel? Tem falas? Ele se impõe? Se sim, sua presença forte é estimulada por obrigações sociais e pressão externa? Se não, sua postura frágil é também uma resposta a esses fatores? O que resta de sua "subjetividade", como gostam de dizer meus caros acadêmicos? Ele tem seus dentes?

As táticas e estratégias — ou, mais francamente, as atitudes — que mais me interessam e das quais mais me ocupo são aquelas que se apoiam na "humanização" (ou: remoção das presas) e naquilo que chamarei de "epifanias miraculosas". Estas últimas se caracterizam, em suma, por uma obsessiva curadoria de "narradores confiáveis", cujos testemunhos são inofensivos, chancelados ou imparciais. Para ilustrar o que digo: seria o favorecimento de fontes judaicas e israelenses (livros, organizações de direitos humanos, rabinos, historiadores, ex-soldados, soldados, policiais, autoridades governamentais, analistas políticos), em detrimento de fontes palestinas — não com base em suas contribuições, mas em um viés identitário — uma escolha enraizada na noção farsesca, embora profundamente arraigada, de que aquelas fontes são de algum modo mais críveis, mais confiáveis? Como se fossem observadores imparciais, como se não tivessem interesses na disputa. Quanto à humanização — que discuto nas páginas a seguir —, um exemplo é a arte refinada e muitas vezes obrigatória de se criar hagiografias dos vivos e dos mortos, para lhes conferir uma reverência solene — um antídoto contra a profanação das suas afiliações perceptíveis. Em outras palavras, a desconcertante exigência de tornar humanos os próprios humanos.

Embora essas sejam questões políticas importantes, questões que dizem respeito à análise da mídia, à diplomacia, à construção e à organização de movimentos, esse enigma me atinge num sentido mais profundo, quase filosófico, um sentido mais "universal". Não universal de uma maneira que referende as conotações capitalistas, comerciais da palavra, encobrindo o poder, a história e o arame farpado, porém uma universalidade que reconheça que a condição palestina *é* a condição humana. A Palestina é um microcosmo do mundo: infeliz, enfurecida, ansiosa e fragmentada. Em chamas. Teimosa. Inaceitável. Digna. As lentes que usamos para ver a Palestina revelam como vemos uns aos outros, como vemos todo o resto.

Do que se trata? Poder? Raça? Colonialidade?[34] Linguagem? Classe? Mídia? Religião? Geografia? Identidade? Cultura? Política? Tribalismo? Padrões comportamentais? Meio ambiente? Medo? Amor? Natureza humana? Agressão animal? Qual é a força profunda, o ímpeto que incita a recusa, tanto de nossos inimigos quanto de nossos amigos, a olhar nos nossos olhos?

---

34 Palavra de doutor.

2 A política da remoção das presas

Sobre "humanização"

Eu te amo... eu te mutilo.
Jacques Lacan[1]

Sempre quis me tornar humano. Ou, para falar de modo mais honesto, sempre fui aconselhado a querer me tornar humano. Nenhum manual nos ensina como alcançar esse status sagrado, cobiçado; por isso, naturalmente, o imitamos. Você observa as coisas até discernir um padrão — na escola, na televisão, nos cartazes de propaganda. Depois você reproduz aquele padrão — na página, ao falar com diplomatas e repórteres, no modo como interage com seu entorno, nos seus diálogos internos.

Quando escrevi contos sobre a minha avó Rifqa como sobrevivente da Nakba de 1948, me disseram para "humanizá-la". Procurei, no caráter dela, por peculiaridades e gracejos que pudessem poluir sua humanidade, então as apaguei: as observações politicamente incorretas ou classistas que ela

---

1 Cf. Lacan, 1985.

fazia sobre viver num conjunto habitacional da UNRWA[2] ("Que Deus amaldiçoe o tempo que misturou o joio ao trigo");[3] as descrições mordazes que ela atribuía aos colonos judeus originalmente responsáveis por sua condição de apátrida (*ajuna min kul qaryah kharyah*);[4] e a raiva amargurada com "o maior roubo à mão armada da história moderna"[5], que substituí por uma silenciada "resiliência". Citei as lágrimas, nunca o cuspe.

Você precisa ser educado no seu sofrimento, caso deseje garantir o direito a um teto sobre sua cabeça. Declarações grosseiras são corrosivas para sua condição, mesmo quando se referem àqueles que primeiro roubam sua casa e depois saqueiam sua tenda. A violência infligida às nossas terras e aos nossos corpos, nos dizem, é secundária em relação às máculas que comprometem nossa imagem, máculas que, ao que parece, se interpõem entre nós e a justiça. As "máculas" que vivemos para limpar.

---

2 Agência das Nações Unidas de Assistência aos Refugiados da Palestina no Oriente Próximo.

3 Provérbio palestino: الله يلعن هالزمان اللي خلط القمح مع الزوان

4 Peça para o seu amigo que fala árabe traduzir.

5 Nas palavras de Raeda Taha, dramaturga palestina.

Então, o que é "humanização"? Uma sensibilidade aspiracional? Uma estratégia colonial de dividir para conquistar, que faz exatamente o oposto do que se propõe a fazer? Uma desvalorização malévola? Um esforço honesto para se opor ao racismo antipalestino que cresce vertiginosamente nos mainstreams ocidentais? Se pensarmos na humanização como um projeto "bem-intencionado", podemos então defini-lo a partir de seus supostos objetivos. A humanização busca desfazer predisposições arraigadas, implícitas ou explícitas, contra "os palestinos", ao nos retratar em termos "respeitáveis" e "com os quais as pessoas possam se identificar", muitas vezes com ênfase na individualidade ou, no caso de um grupo, na passividade desse coletivo. Correspondentes, trabalhadores da área de cultura, nossos aliados, e, evidentemente, nós mesmos estamos há muito tempo adotando esse modelo como o alicerce para nossos processos de representação: um páthos convincente para nos divorciar do nosso estereótipo taciturno e ameaçador; um éthos para que tenhamos aceitação e credibilidade; e os relatos exaustivos e tediosos de fatos e estatísticas diante de uma propaganda coerentemente incoerente. Não chegarei ao ponto de chamar isso de logos.

Trata-se da incessante infantilização do sujeito desumanizado. Para que os espectadores tenham empatia com "o outro", é preciso primeiro higienizá-lo e subjugá-lo, separá-lo de sua história de origem, tornando-o "totalmente deslocado e apagado".[6] Santificamos nossas vítimas em nossos depoi-

---

6 Cf. "The Position of the Unthought" (Hartman; Wilderson, 2003).

mentos e elogios fúnebres, adornando-as com anedotas compassivas. Sobrecarregamos essas pessoas com inocência. E fazemos isso não apenas no contexto palestino, mas também com as vítimas negras americanas da violência policial: "Eles eram artistas" ou "Eles tinham doenças mentais" ou "Eles estavam desarmados".[7] (É como se condenar o Estado por sancionar a morte de uma pessoa negra só fosse permissível se a pessoa assassinada fosse um modelo estéril de cidadania americana.) Pode-se dizer o mesmo a respeito das vítimas de crimes sexuais: precisamos informar ao ouvinte que a vítima estava sóbria e vestida adequadamente. E mais: prometemos aos espectadores que, caso eles se dignem a ficar frente a frente com o desumanizado, verão seu próprio reflexo em nossos olhos benignos, abatidos.

Aqui, o humano se define como alguém que se encaixa perfeitamente na categoria de civil ou alguém cujas disposição e dicção comunicam uma classe particular, ou alguém que é um cidadão (de certos países), ou alguém percebido como uma pessoa sem atividade política, ou capacidade militar, ou alguém que é extraordinário ou alguém que passou por uma fatalidade extraordinariamente violenta, ou alguém cujo sistema de crenças se alinhe com a classe dominante ou não apresente perigo para ela; ou ainda alguém que não herdou o rejeicionismo do avô, a aversão do pai pela paz, nem a fábrica de munição no ventre da mãe.

Então, ostentamos um passaporte da União Europeia como se fosse uma prova de que somos inocentes. E cita-

---

7 Cf. "Dehumanization, Disability, and Resistance" (Purnell, 2021).

mos as profissões honrosas, agitando no ar a carteirinha de jornalista e o diploma como se fossem bilhetes dourados. E os aventais ensanguentados. E o estetoscópio: às vezes uma tábua de salvação, outras vezes uma armadilha. Lembramos ao atirador que temos auréolas sobre nossas cabeças, as cruzes que carregamos, as doenças que curamos. Lembramos a ele que oferecemos a outra face. Que somos misericordiosos. Não odiamos vocês, odiamos as circunstâncias. Somos mulheres e crianças, sempre; se somos homens, então somos frágeis e idosos, reiterando nossa não violência, apontando para os membros amputados uns dos outros, os galhos cortados de nossas árvores, mais cruzes para carregar. Nenhuma terra para semear. Nenhuma soberania sobre o deserto em flor do atirador — seus domínios "se estendem até o alto das montanhas".[8] Aceitamos sua jurisprudência como um Deus e o adoramos em seus tribunais.

---

8 Cf. Alcorão 17:37.

O problema é que, se você quer humanizar os palestinos, é preciso *arrancar suas presas.* A humanidade que nos foi prescrita, tanto pelos bem-intencionados quanto pelos maldosos, assim como a humanidade que inventamos para nós mesmos, segue um manual intrincado e confuso, com seus mandamentos escritos em hieróglifos. Você aprende, conforme falha, que isso é inaceitável, que o projeto de "humanização" está baseado na vitimização perpétua e é regulado por parâmetros etnocêntricos de empatia e solidariedade. Nesse contexto, as concessões afetivas e psíquicas que fazemos são extremamente parcimoniosas. Isso significa que a humanização, deliberadamente, restringe o escopo de sentimentos e emoções que temos permissão para expressar abertamente, os valores, as ideologias, e as afiliações que podemos reivindicar sem temer retaliação, e chega a vasculhar nossos pensamentos e fantasias, nossas intenções e ignorâncias presumidas, e nossas crenças tácitas em busca de atributos a serem censurados, a serem tomados como alvo de reeducação.

Nosso status, também, é escrutinado. Tudo é moeda, e tudo é calculado: não apenas as carreiras que escolhemos e as características que incorporamos, mas também os documentos que valorizamos e nossos próprios tesouros, a classe social em que nascemos, os locais e corpos aos quais somos impelidos. Não somos automaticamente humanos, em virtude de sermos humanos; devemos ser *humanizados* em virtude de nossa proximidade com a inocência: branquitude, civilidade, riqueza, transigência, colaboração, não alinhamento, não violência, desamparo, ausência de futuro. Esse exercício de vida ou morte na corda bamba visa impedir que voltemos a cair no círculo dos condenados.

A humanização desvia o escrutínio crítico do colonizador e o transfere para o colonizado, obscurecendo a injustiça inerente ao colonialismo e blindando desse modo o projeto colonial. Ao perder o foco, os paladinos (advogados, jornalistas etc.) insinuam que, antes de mais nada, o oprimido precisa demonstrar que merece sua liberdade e sua dignidade. De outro modo, a ocupação, a subjugação, a brutalidade policial, a desapropriação, a vigilância e as "execuções extrajudiciais" seriam escusáveis ou mesmo necessárias. O código moral produzido dentro desse arcabouço está repleto de falácias lógicas e é marcado pela ausência de uma análise séria do poder e das condições materiais. Ainda que implicitamente, esse modelo aceita o aparato israelense — um aparato de dominação racial e socioeconômica — como algo que pode ser aplicado caso necessário, e não como um exemplo inequívoco de tudo aquilo que é sórdido e deplorável. Assim, a humanização *pulveriza* o permissível. E o faz de maneiras muito mais tangíveis do que estéticas ou discursivas. A maioria do povo palestino fracassa em se "humanizar", isto é, não consegue sobreviver dançando sobre minas terrestres, e o mundo os abandona. Aqueles de nós que são imperfeitos ou menos dotados de sorte. Aqueles de nós que não extrairão suas presas. Aqueles de nós que são "terroristas".

A maior parte das pessoas, acredito, concorda comigo, em teoria. Alguns, de fato, diriam que este argumento é autoevidente, quase óbvio demais para precisar ser escrito. No entanto, na prática, permanecemos presos em armadilhas psicológicas instiladas em nós pela lógica colonial. Antecipamos as ciladas que nos aguardam no caminho, como se nós mesmos as tivéssemos posto lá. Assumimos a responsabilidade por elas, nos culpamos. Sabemos os nomes dos cães de guarda que nos pastorearam, levando-nos ao nosso devido lugar, e as orientações que eles nos latem. Eles são viciados no medo que nossos corpos exalam, e nós fomos programados para fornecê-lo. Respondemos como autômatos.

A título de ilustração: quando as Forças de Ocupação Israelenses (IOF) mataram Adam Ayyad, de quinze anos, no campo de refugiados de Dheicheh, em Bethlehem,[9] as perguntas foram: *Ele realmente atirou um coquetel molotov nos soldados? Os israelenses não são famosos por inventar histórias como essas?* Quando as perguntas na verdade deveriam ter sido: *Por que as tropas israelenses estão em Bethlehem? Por que Adam Ayyad nasceu num campo de refugiados? Por que a palavra "molotov" está na manchete de uma notícia sobre soldados matando um menino? E daí se ele atirou um coquetel molotov? Quem não faria o mesmo?*

---

9 "Adam Issam Chaker Ayyad, quinze anos, foi baleado e morto pelas forças israelenses por volta das quatro e meia da manhã de 3 de janeiro [de 2023], no campo de refugiados de Dheicheh, nos arredores da cidade de Bethlehem, na parte ocupada do sul da Cisjordânia (...) Forças israelenses entraram no campo de refugiados de Dheicheh naquela manhã para prender um homem palestino. Os palestinos confrontaram as forças israelenses, que dispararam munição letal, balas de metal revestidas de borracha, bombas sonoras e bombas de gás lacrimogêneo contra a multidão. Adam sofreu pelo menos um ferimento a bala na parte de trás do ombro. Ele foi transferido para o Hospital Al-Hussein, nas proximidades de Beit Jala, em um carro particular, onde os médicos o declararam morto" (Defense for Children International – Palestine, 2023a).

Às vezes, as pessoas — frequentemente palestinos — rejeitam essa crítica à humanização. Elas veem o fenômeno não como um arcabouço intencionalmente fabricado, mas como uma fortuita congruência: o estado em que a conduta e as falas de uma pessoa espelham ou se assemelham muito ao seu eu ideal. Afirmam que nossa marcha de impecável virtude não é coreografada; caminhamos como sabemos, por instinto. Não estamos encenando uma persona sem falhas; em vez disso, estamos improvisando algo que vem do coração. Outra versão desse argumento invoca a linguagem da "autoridade moral", particularmente a crença de que, ao aderir a esses altos padrões de ética e ao incorporá-los, o oprimido pode ganhar, além de tudo, o reconhecido direito a influenciar as ações e as percepções de terceiros, incluindo seus opressores. "Seja bom pelo bem de sua causa", diz o argumento.

Mas essas afirmações ignoram seu próprio etnocentrismo: não existe algo que possa ser tido como universal. A retórica, o comportamento e o modo de ser são moldados por idiossincrasias geográficas, econômicas e sociopolíticas. A Palestina não é uma exceção. Pelo contrário, estou ecoando um aforismo básico: as pessoas são diferentes em diferentes lugares e as palavras significam coisas diferentes. A palavra *chahid* (mártir), por exemplo, carrega subtextos distintos dependendo do contexto; suas conotações são passivas e ativas, abrangendo do vitimizado ao heroico, "seja um membro de uma organização islâmica, cristã, secular ou marxista, tenha ele sido ou não alvo".[10] Se quisermos abordar o império, precisamos ser fluentes em

---

10 Cf. Abufarha, 2009, p. 8.

seu vernáculo. Mas essa expectativa é assimétrica. Somos constantemente repreendidos por críticos que são analfabetos, ou fingem ser analfabetos, em nossa língua. Com demasiada frequência, nossas palavras e frases são difamadas por diletantes estúpidos que nem sequer conhecem suas definições. Ou pior, por aqueles que prontamente ofuscam o contexto regional e histórico de expressões específicas para patologizá-las. Suas investigações hostis não buscam um sentido.

Além disso, os discursos em torno da "congruência" e da "autoridade moral" agem como se o colonialismo não tivesse erguido barreiras que impossibilitam a reconciliação — assim como barreiras literais de cimento — que nos separam da humanidade. Somos desumanizados pelos outros, portanto, somos incapazes de nos humanizar a nós mesmos. Apelar para uma "universalidade moral" não pode nos salvar, pois não há espaço para nós dentro dessa moralidade. Não existe afeto terreno que possamos tipificar como absolvição: nem um compromisso com a não violência ou com a equanimidade, nem mesmo um mérito pós-político, pode desmantelar as barreiras raciais, coloniais e econômicas que bloqueiam nosso caminho para nos tornarmos "humanos". Aqui, no meio, existe um abismo voraz. Andamos numa corda bamba estreita e frágil, dando passos delicados.

E andar na corda bamba não é tarefa fácil. Leia o livro "errado", siga o líder "errado", faça uma piada inadequada, invoque uma figura retórica (consciente ou inconscientemente), demonstre animosidade, leia a respeito de resistência, escreva sobre resistência, grafite muros, pegue um rifle e eles vão te matar. Às vezes, mesmo que você agite uma bandeira branca.[11] Nosso inimigo sempre tem um motivo razoável. Algo simples e aleatório como o gênero basta para arremessar você para longe da humanidade. Não se pode simplesmente chorar um homem palestino, não antes de absolvê-lo de seu pecado carnal, o crime de ser palestino.

Obituários de homens palestinos lançam mão de certos identificadores (profissão, nível educacional, crenças e, mais recentemente, sexualidade) não como elogio fúnebre, mas para defender o morto, para satisfazer as condições que são

---

11 Em 6 de dezembro de 2023, seis membros da família Abu Salah — Inchirah, Saadi e quatro de seus filhos: Mahmud, Ahmad, Yusef e Srur — agitavam uma bandeira branca quando foram baleados e mortos à queima-roupa pelas Forças de Ocupação Israelenses, no norte de Gaza. Os Abu Salah voltavam do enterro de seu parente Asaad, um adolescente que havia sido baleado no coração por um projétil explosivo disparado por um atirador israelense poucas horas antes. Os israelenses então jogaram seus restos mortais numa pilha de lixo. Muitos palestinos em Gaza usaram bandeiras brancas improvisadas na esperança de escapar dos caprichos dos assassinos das Forças de Ocupação Israelenses. Em muitos casos, palestinos foram alvos a despeito de carregar bandeiras do tipo. Até mesmo três reféns israelenses, que usavam bandeiras brancas para se identificar às Forças de Ocupação Israelenses, foram alvejados. É claro que, embora as IOF não admitam com frequência ter matado palestinos agitando bandeiras brancas, admitiram ter matado os reféns por engano.

pré-requisitos para o luto. Existem pré-requisitos sem os quais não se pode denunciar as ações dos assassinos. Denunciar os próprios assassinos é outra história.

Depois que Refaat al-Areer foi morto,[12] com vários membros de sua família, em um assassinato seletivo, em dezembro de 2023, escrevi, em árabe, que não poderia compor um tributo a Refaat no site de notícias anglófono onde eu trabalhava como editor de cultura.[13] Tentar louvar um homem palestino no lé-

---

12 O dr. Refaat al-Areer (1979–2023) foi um escritor, poeta e professor palestino da cidade de Gaza. Dava aulas de literatura comparada e escrita criativa na Universidade Islâmica de Gaza e foi cofundador da We Are Not Numbers, uma organização que orienta jovens escritores de Gaza e promove a formação de escritores e jornalistas como ferramenta de resistência palestina. Era conhecido por suas análises políticas e seus comentários satíricos nas redes sociais. No dia 7 de dezembro de 2023, Refaat foi alvo de um ataque aéreo que o matou no campo de refugiados de Chejaiya, no norte da Faixa de Gaza.

13 أن تنعى رجلاً فلسطينياً باللغة الإنكليزية يعني أن تعذب نفسك. تآمرنا هذه اللغة، المخطوطة على الصواريخ التي فتكت بك، أن نؤهلك للعزاء قبل العزاء، أن نبرئك من خطاياك: جغرافيتك، ودينك، ولونك، وجنسك، وانتماءاتك؛ أن نستثنيك من صفوف مقاتلينا، ونقاتل لإظهار استثنائيتك، ونخيط أجنحة الملائكة والقديسين على ظهرك، فتصبح حينها، فقط حينها، قابلاً للرثاء بحكم مهنتك النبيلة، وتعليمك العالي، وقصائدك الخالية من الرصاص. نحن ببساطة لسنا موجودين في لغة المستعمر. إعلان وفاتك يستوجب انتشال الاعتراف بوجودك أصلاً، وانتشال الاعترافات هو جلد للذات أيضاً. تحول هذه اللغة جنازة الفلسطيني إلى ساحة حشد وإقناع وتثقيف، لا يوجد فيها مسلمات وحقائق موضوعية. في هذه المعادلة، لا يمكنني أن أعرّف العالم برفعت من دون أن أعرّفهم على حي الشجاعية، ولن يعرفوا الشجاعية من دون أن يعرفوا قطا ع غزة، ولن يفهموا الأخير إن لم يفهموا فلسطين، والاستعمار، والصهيونية، والنكبة. وهكذا، فنرتدي عند النعي زي المؤرخ والناشط والمحلل السياسي، ونجعل من المواثيق والقوانين الدولية والإحصاءات مرجعية تتفشى في أسطر الرثاء، قد تنافس وتتفوق على إنجازاتك، وذكريات أحبائك، ومواقفك الطريفة، ورسائلنا إلى زوجتك وأطفالك.

xico do colonizador é um autoflagelo. Eles apagam seus crimes dos arquivos e nos apagam dos seus livros de história; criam nações sem nativos em seus dicionários, nações que fingem não conhecer e cujo sangue está em suas mãos. Anunciar a morte de alguém exige, antes de mais nada, que se reconheça a existência da pessoa. O inglês, a língua entalhada nos mísseis que mataram Refaat, converte o funeral palestino em uma arena de árdua persuasão e pedagogia, onde nada pode ser dado como certo e não existem fatos objetivos.

E assim, ao louvar um homem palestino, assumimos os papéis de historiadores, ativistas e analistas políticos, e recheamos nossos textos com resoluções da ONU e relatórios de direitos humanos. A linguagem do colonizador determina que nós o tornemos elegível para o luto antes mesmo do luto, que nós o lavemos de seus pecados — sua geografia, sua religião, sua cor, seu sexo e suas afiliações —, que o excluamos das fileiras de nossos combatentes e lutemos para demonstrar seu excepcionalismo. Obituários como esse exigem que costuremos asas de anjos nas costas do palestino, para que ele possa então, e só então, se tornar digno de nosso pranto.[14]

---

14 Algumas linhas dessa seção apareceram previamente em um ensaio em árabe intitulado "Refaat al-Areer: An incomplete eulogy" (El-Kurd, 2024b).

Fazer tais demandas etnocêntricas equivale a abandonar os palestinos que não têm o treinamento e os recursos exigidos para escapar da categoria de desumanizados. Abandonar aqueles que estão fadados a "errar". A "respeitabilidade", assim como a "congruência" e a "autoridade moral", vem a um custo alto, que, para a maior parte das pessoas, é inatingível. E o que dizer dos palestinos que não tiveram o luxo de memorizar os tropos que devem ser evitados enquanto se agoniza? Aqueles que estão debaixo de uma chuva de foguetes ou em confinamento solitário? O que nos importa se eles só encontram consolo em palavrões e generalizações precipitadas? E quanto aos palestinos que simplesmente não desejam adquirir um léxico erudito? Aqueles que recusam as regras do jogo?

Não é controverso — nem corajoso — dizer que, assim como o resto do mundo, somos uma nação complexa com elementos tanto "progressistas" quanto "retrógrados", independentemente do modo como essas categorias sejam definidas. Nossas disposições, supostas ou efetivas, não deveriam dar a nossos opressores a oportunidade de reescrever a história, nem de absolvê-los de culpa. Isso importa porque, quase sempre, são os pobres e os desprivilegiados, os refugiados e os sitiados, os que suportam o peso do sionismo.

Nossa credibilidade na condição de sujeitos da violência colonial depende da habilidade de desempenhar o papel sufocante de vítimas perfeitas, um papel otimizado por aqueles dentre nós que ascenderam socialmente e que contam com apoio institucional, até mesmo para proteger esse apoio e essa ascensão. Mas será que você tem como escapar da sua classe? Rejeitar esse roteiro, recusar a reverência, dificilmente colocaria em risco o status das nossas elites; mas, sem sombra de dúvida, ajudaria a ampliar os horizontes para os palestinos em massa.

Infelizmente, palestinos que cometeram "erros" de tom e de retórica — sem falar daqueles que escolheram a luta armada — muitas vezes são deixados para combater batalhas individuais, na academia, no trabalho, na internet, defendendo-se das retaliações corporativas, das campanhas de difamação promovidas por entidades poderosas e plutocráticas, e até mesmo terminando na cadeia.[15] Não nego que indivíduos politicamente conscientes da elite palestina se opuseram historicamente de modo feroz a tais entidades (por exemplo, Canary Mission, Memri e Camera).[16] Nem uso o argumento ingênuo de que nossa participação na política do apelo seja a razão para que a fonte dessas entidades não tenha secado. Mas a falta de disposição para assumir riscos discursivos e afetivos, riscos *calculados*, na tribuna e na es-

---

15 Cf. o caso de Samaher Esmail, Riddhi Patel, Bilal Al-Saadi, Ahmed Tobasi, Mustafa Cheta e Jamal Abu Joas, do Freedom Theatre.

16 Canary Mission é uma organização sionista que opera como uma lista proscrita, traçando perfis de estudantes, educadores e profissionais que apoiam a causa palestina e o movimento Boicote, Desinvestimento e Sanções (BDS), frequentemente rotulando-os como intolerantes ou "apoiadores do terrorismo" e prejudicando suas carreiras ou perspectivas acadêmicas; Memri (Middle East Media Research Institute) é um grupo de observação da mídia cofundado por um ex-oficial da inteligência militar israelense; Camera (Committee for Accuracy in Middle East Reporting and Analysis) é um comitê fundado em 1982 para combater as narrativas antissionistas e pró-palestinas na grande mídia.

fera pública, revela uma falta de disposição para romper com as normas que sustentam essas organizações. Significados, tabus, caso não sejam estilhaçados, persistem. Imperadores, caso não sejam ridicularizados, permanecem vestidos.

Talvez outro modo de examinar esse dilema seja aceitar que a ofuscação de classe não é exatamente uma falha no sistema ou um traço da humanização, mas sim um dos principais catalisadores de seu arcabouço. Se a humanização pode ser compreendida como uma "cultura", ou como uma espécie de performance social aspiracional, nesse caso trata-se da invenção dos guardiões da cultura, papel que, invariavelmente, cabe às elites. Ghassan Kanafani descreveu o patriarcado na sociedade palestina como "o resultado necessário de uma mentalidade feudal, de um feudalismo político", em oposição a uma condição social espontânea. Ele argumentou que se trata de um fenômeno psicológico "na medida em que a própria classe cristaliza os fenômenos psicológicos".[17] O mesmo argumento se aplica ao projeto de humanização — ainda que ele seja encarado como uma atitude coletiva, e não como uma prática ideológica sustentada de modo sistêmico. Isso se torna flagrantemente verdadeiro quando se considera como esse projeto tem dificultado o desenvolvimento de estratégias de libertação novas e eficazes, sensíveis aos contextos atuais. E quando se considera também como o projeto de humanização moldou negativamente a opinião pública em relação à resistência armada e às formas radicais de expressão política, sem falar na polí-

---

17 Cf. Kanafani, 1990, p. 148.

tica progressista. E ainda, *especialmente*, ao se compreender que nossos "erros" semânticos são disciplinados de maneira mais enfática do que a violência sistêmica do colonizador. A humanização, portanto, não é meramente nossa resposta psíquica à desumanização colonial: ela expõe a ausência de análise material nas nossas sociedades. Como projeto, é em grande medida o mandato de uma classe específica; "o homem... foi um dos valores inventados pela burguesia".[18] Se não está diretamente a serviço de interesses de classe, certamente está a serviço de visões de mundo classistas, um mundo onde os ricos podem dominar papéis para os quais os pobres nem imaginam se candidatar.

O que promete salvar você da desumanização? Diplomas sofisticados. O dinheiro na sua conta bancária. A disposição para perdoar. Um olhar desprovido de presunção e um comportamento que não ofereça ameaças. Conexões com o editor da revista que calunia seus vizinhos. No bar, ele pede ao amigo militar que liberte você da cela, como um favor, para pegar leve com você. Você é mundano e politicamente correto. Você é um prodígio — ao contrário dos outros. Mas e os outros? Os outros sufocados por essa definição redutora de humanidade? Aqueles que não foram privilegiados o bastante para frequentar uma universidade cinco estrelas ou para nascer numa linhagem de senhores feudais? E aqueles sem auréola, os raivosos que vagam pelas ruas com a boca cheia de saliva e veneno, as crianças que carregam nos ombros o fardo dos rifles, as mulheres que optam por um caminho explosivo?

---

18 Cf. Césaire, 2020, p. 73.

E os pobres? E aqueles que são cruéis com o ocupante e cruéis com os seus? Os pais nem tão gentis? Os temerários dentre nós, aqueles que fariam europeus franzirem as sobrancelhas: a irmã que "encontrou sua raiva/ na gaveta da cozinha"[19] e a irmã "aprendendo a anatomia da arma?"[20] Eles não merecem a vida? De acordo com a lei de quem?

---

19 Cf. "Fifteen-Year-Old Girl Killed for Attempting to Kill a Soldier (with a Nail File), or Context" (El-Kurd, 2021a, p. 29).

20 أن تدرسَ أختي عضلاتُ البندقيّة
Verso do poema "Against" [título traduzido pelo autor para o inglês]. Cf. Hussein, 1976.

3 O passaporte de Shireen[1]

Sobre a invenção do civil

Em 11 de maio de 2022, a amada repórter de TV palestina e veterana da Al Jazeera, Shireen Abu Akleh, foi baleada e morta pelas Forças de Ocupação Israelenses durante um ataque ao campo de refugiados de Jenin na Cisjordânia ocupada.

Se "o palestino" é culpado desde o nascimento, salvar-se desse pecado original exige desertar — renegar — o palestino. Essa deserção geralmente não é um ato propriamente seu; ela é levada a cabo em seu nome. Você é banido da condição de palestino, por vezes postumamente, por meio da bondade de missionários políticos, plenos de misericórdia, que "te fizeram vivo" mesmo quando você estava "morto em suas transgressões". Você esteve entre os condenados, por natureza merecedores da ira. Mas "pela graça você foi salvo".[2] Eles

1 Partes deste capítulo foram publicadas previamente em "How the western media missed the story of Shireen Abu Akleh's death" (El-Kurd, 2022b).

2 Cf. Bíblia, Efésios 2:8–9.

querem desarmar sua imagem na mente de espectadores estranhos e desconfiados que veem você na TV, e por isso capturam seus rifles, reais e imaginários. Eles o elevam e o colocam sentado no reino deles. Você jaz imóvel num caixão aberto, vestindo roupas de outras pessoas.

Quando vi o corpo dela sem vida, de bruços, perto de uma árvore sem nome, numa rua sem nome, pensei que o mundo fosse parar. Um limite havia sido transposto. Uma presença constante nas nossas TVs, uma convidada constante nas nossas salas de estar, portadora das nossas notícias – boas ou más, em geral más – era agora ela mesma o tema do noticiário. Ela havia sido assassinada a sangue-frio, em plena luz do dia, sua execução transmitida em tempo real. Eu a vi sendo assassinada no meu celular a caminho do aeroporto. Algo me disse que o mundo começaria de novo. Pessoas em toda parte ficariam sabendo o nome dela e o que a levou a Jenin, e por que a árvore ao lado dela tinha sido crivada de balas muito tempo antes, e ficariam sabendo o que o nome da rua – Balat al-Chuhada – queria dizer. Em questão de minutos após o assassinato, recebi uma "dica" no meu e-mail, de um repórter: "Muito urgente e necessário, por favor anunciem no Twitter e no Facebook que Shireen Abu Akleh[3] é cidadã americana. Isso é fato, não é rumor. Os israelenses assassinaram uma jornalista americana". Eu não "anunciei" que Shireen era cidadã dos Estados Unidos. E quando escrevi sobre o assassinato dela, insisti com meus editores que, se fosse necessário que eu mencionasse o fato, iria me referir a ela como uma portadora de passaporte americano, não como cidadã americana. Por que contribuir – ainda

---

3 Shireen Abu Akleh (1971–2022) era uma jornalista palestina de Jerusalém que trabalhou por vinte e cinco anos como correspondente de televisão da Al Jazeera. Em 11 de maio de 2022, Shireen foi alvejada e morta pelas Forças de Ocupação Israelenses enquanto cobria um ataque israelense ao campo de refugiados de Jenin.

que apenas com uma única frase — com uma hierarquia de vidas em que a cidadania, assim como a raça, a classe, o gênero, a "civilidade", tem um papel para que se determine se alguém merece compaixão ou o devido processo legal? Eu queria que o mundo parasse por causa da morte de um palestino, independentemente de adjetivos. Mas isso não importava: em questão de horas, a notícia se espalhou como fogo. O passaporte dela era o assunto. Shireen era americana e sua suposta americanidade rapidamente fez dela uma humana.

O e-mail era sem dúvida bem-intencionado, mas a sensação foi de um tapa na cara. A lógica é simples: certas cidadanias podem transformar o assassinado — normalmente um número em determinada estatística — em uma pessoa de carne e osso, uma vítima digna de empatia. A águia careca gravada nos documentos de viagem de Shireen a tornara *mais* digna. Embora não fosse do tipo que oferece a outra face, ela certamente se encaixava no perfil obrigatório da vítima perfeita: uma mulher de cinquenta e um anos, cristã; uma jornalista assassinada enquanto usava colete e capacete de imprensa com claras indicações de que era da imprensa, *e* estrangeira. Americanos podem morrer pelo rifle de um adolescente "problemático" nos corredores de escolas, mas raramente pelos rifles de um exército estrangeiro. Apenas três semanas depois do assassinato de Shireen, Ghofran Warasneh,[4] uma repórter do campo de refugiados de Al-Arrub, em

---

4 Ghofran Warasneh (1991–2022) era uma jornalista palestina do Hebron. Em janeiro de 2022, seis meses antes de ser assassinada pelo exército israelense, foi condenada a três meses de prisão.

Hebron, foi morta pelas Forças de Ocupação Israelenses a caminho do trabalho.[5] Embora fosse jornalista, seu assassinato mal foi comentado no mundo árabe, que dirá no Ocidente.

Como todos aqueles que reiteraram a frase "Shireen Abu Akleh é americana", o repórter que enviou o e-mail deve ter acreditado que isso levaria a alguma forma de responsabilização. Os Estados Unidos não fazem nada quando seus maiores aliados matam apátridas, mas quando uma cidadã é vítima *daquele* tipo de violência, *precisa* haver consequências. A violência — subitamente, surpreendentemente — vira algo deplorável. Matar jornalistas se torna mais escandaloso e mais fácil de denunciar quando se trata de americanos ou europeus. A cidadania, nessa visão de mundo, elimina Shireen do crime de ser palestina e a deixa mais perto de ser uma pessoa menos culpável, o que aumenta suas chances de recurso. É "estratégico", alguns poderão dizer. Mas aí Rachel Corrie nos vem à mente.[6]

E também vem à mente Omar Asaad.[7] Nem a cidadania nem a velhice puderam salvá-lo dos soldados israelenses que o amordaçaram, amarraram e vendaram, deixando-o

---

5 Cf. "Israeli forces kill Palestinian woman in occupied West Bank" (Al Jazeera, 2022b).

6 Rachel Corrie (1979–2003) era uma ativista pela paz, nascida em Olympia, Washington, e membro do Movimento de Solidariedade Internacional. Em 16 de março de 2003, aos vinte e três anos, foi esmagada até a morte por uma escavadeira israelense enquanto participava de um protesto pacífico contra a destruição de uma casa palestina na Faixa de Gaza.

7 Omar Asaad era um palestino de oitenta anos, morto durante um ataque israelense na aldeia de Jiljilya, nos arredores de Ramallah, na

para morrer no chão frio. E o rapaz na travessia de Rafah, Yusef Chaaban, que exibiu seu passaporte americano aberto ao lado do rosto ferido e perguntou com a boca cheia de sangue: "Onde está o país do qual sou cidadão? Por que ele não me protege?".[8]

Ainda assim, não há como negar que *existe* uma hierarquia de vidas, que passaportes *são* uma moeda. Eles ajudam líderes mundiais a avaliar sua tragédia e as reações deles dependem dessa avaliação — transformando a eliminação cotidiana de um palestino num terrível assassinato de uma jornalista americana, em um desprezível ataque à liberdade de imprensa, numa farsa. Passaportes são uma moeda que ajuda as pessoas a acreditarem na sua história. Cidadãos — de *certos* países, é claro — alcançam uma audiência maior e reclamações mais rumorosas quando são alvo da violência israelense. Mas o que o fato de Rachel Corrie ser americana lhe deu além desse barulho? A família obteve justiça? A escavadeira que a esmagou foi impedida de demolir outras casas? Americanos assassinados por colonos israelenses receberam o mesmo tipo de luto patrocinado pelo Estado que os americanos mantidos reféns em Gaza? O que o hífen na nacionalidade de Omar Asaad ofereceu a ele além de um lugar nas manchetes que, não fosse por isso, ignorariam

---

Cisjordânia ocupada. Asaad foi parado às duas e meia da manhã e forçado a sair do carro; foi vendado, algemado e arrastado para um canteiro de obras, e largado lá pelas Forças de Ocupação Israelenses. Ele morreu de ataque cardíaco. Cf. "Elderly palestinian man dies during arrest by Israeli army" (Al Tahhan, 2022b).

8 "أمريكي في غزة يناشد واشنطن إخلاءه مع أسرته"، الأناضول، ٢٠ /تشرين الأول/ ٢٠٢٣.

uma pessoa sem esse hífen? As manchetes nomearam os culpados, ou Asaad foi simplesmente "encontrado morto"?

Meu argumento não é que deveríamos parar de usar manobras políticas ou diplomáticas para levar regimes poderosos a agir, ou na esperança de mudar as visões que eles têm. Meu argumento é que devemos reavaliar essas táticas, levando em consideração seus efeitos de longo e curto prazo, e nos perguntarmos se elas valem a pena. Quando um passaporte se torna um instrumento político para a "humanização", o pretexto é persuadir os governos ocidentais a "buscar justiça" em nome de seus cidadãos. Mas o subtexto, mais perigoso, mais humilhante, é vender uma narrativa de inocência que aceita as visões de mundo racistas e xenofóbicas do público que ele tenta convencer.

Alguém poderia argumentar que os fins justificam os meios. Mas quais são esses "fins"? A justiça? A verdade? Quando Shireen foi baleada, os veículos da mídia ocidental nomearam o atirador? A Associated Press modificou e depois editou uma declaração do Ministério da Saúde da Palestina para que não mais nomeasse as forças israelenses como culpadas; a manchete do *The New York Times* dizia exatamente aquilo que você poderia esperar: *Uma pioneira do jornalismo palestino morre aos 51 anos.*[9] Em outro texto, o jornal enganou seus leitores ao afirmar que a Al Jazeera dissera que ela morreu em meio a "confrontos entre militares israelenses e atiradores palestinos", embora a Al Jazeera tivesse dito com clareza que tiros disparados pelos israelenses haviam matado Shireen. O testemunho ocular de jornalistas que estavam no local — um dos quais também foi baleado por atiradores israelenses — raramente foi citado.

Quando as Forças de Ocupação Israelenses atacaram o funeral de Abu Akleh em Jerusalém, dois dias depois, como os jornalistas da grande mídia narraram o caso?[10] Eles informaram

---

9 Cf. "A trailblazing Palestinian journalist dies, aged 51" (Abdulrahim; Hubbard, 2022). Desde então, a manchete foi modificada para "Trailblazing Palestinian Journalist Killed in West Bank".

10 As Forças de Ocupação Israelenses haviam exigido que só um pequeno número de pessoas — e, aliás, apenas cristãos — comparecesse ao funeral e que cânticos anticoloniais fossem proibidos, provavelmente por medo de que o desfile de símbolos nacionais palestinos por Jerusalém ameaçasse a suposta "soberania" do regime israelense sobre a cidade ocupada. Foi mais um episódio da guerra em curso contra a expressão anticolonial, seja ela a raiva política ou o luto comunitário. A família de Abu Akleh rejeitou as restrições, e com isso os espancamentos começaram.

que as Forças de Ocupação Israelenses invadiram o Hospital Saint Joseph, onde o funeral começou, para atacar as pessoas enlutadas, os pacientes e os funcionários?[11] Relataram o momento que estilhaçaram o vidro traseiro do rabecão, roubaram a bandeira palestina que cobria o caixão e atacaram as pessoas que o carregavam com tamanha fúria que o caixão quase foi derrubado no chão? Que nomes os correspondentes deram a isso? "Briga" e "confrontos".[12] Shireen não foi a primeira palestina a ser perseguida depois de sua morte: uma manchete do *Al-Ittihad* de 1976 diz: "Três novas flores no buquê dos mártires: prisões em massa e ataques a funerais". Ela também não será a última.

Três dias depois do enterro dela, soldados israelenses espancaram brutalmente as pessoas que transportavam o caixão de Walid Charif dentro do cemitério onde ele seria sepultado.[13] As Forças de Ocupação Israelenses haviam ferido Walid dentro do complexo da Mesquita de Al-Aqsa na terceira sexta-feira do Ramadã, e ele acabou não resistindo aos ferimentos.[14] Apesar das ridículas restrições e do horário

---

11 Cf. "Shireen Abu Akleh: New footage shows police storming hospital before funeral" (Middle East Eye, 2022a).

12 O vídeo mostra a tropa de choque israelense entrando em confronto com os enlutados durante o funeral da jornalista da Al Jazeera, Shireen Abu Akleh, morta dois dias antes. Em certo momento, a luta se torna tão intensa que o caixão dela quase cai no chão. Cf. no perfil da CBS News (@CBS) no Twitter (agora X), 13 de maio de 2022.

13 Cf. "Dozens injured in Israeli police attack on Palestinian funeral" (Al Jazeera, 2022a).

14 Cf. "Israeli police attack another Palestinian funeral in Jerusalem" (Patel, 2022).

extremamente tardio imposto para o enterro pelas autoridades da Ocupação, milhares de palestinos compareceram ao funeral. Cinquenta e duas pessoas foram feridas, e trinta e sete foram hospitalizadas. Um parente de um dos mártires, Nader Charif, foi atingido por uma bala de borracha; ele perdeu um olho e teve sérios ferimentos cranianos.[15] Quando os confrontos se dissiparam, os palestinos tiveram que limpar os danos causados pelas bombas de gás lacrimogêneo e pelas granadas de efeito moral que restaram nas lápides de seus entes queridos. Duas semanas depois, o funeral de Ghofran Warasneh foi atacado. Os militares interceptaram a ambulância que transportava seu corpo para o campo de refugiados de Al-Arrub, onde ela seria enterrada, o que obrigou os enlutados a carregarem seu cadáver nos ombros. Apesar da brutalidade dos soldados, a cerimônia de sepultamento foi finalizada no campo.[16] Embora rotineiros e implacáveis, esses atos de profanação nem sempre recebem atenção da mídia internacional.

Quando se trata da Palestina, as leis sagradas do jornalismo são flexíveis. Até mesmo opcionais. A voz passiva é dominante. Omitir fatos é padrão. A mentira é permissível. Os jornalistas se tornam estenógrafos, e os repórteres viram secretários do Estado, repetindo narrativas da polícia e dos

---

15 Nader foi preso no dia seguinte num hospital de Jerusalém, e seus familiares, que estavam ao seu lado, foram agredidos. Cf. ١٧/أي ر / ٢٠٢٢" اعتدت على عائلته.. الاحتلال يعتقل المصاب نادر الشريف" شبكة قدس الإخبارية.

16 ٢٠٢٢" /حزيران/ ١.اغتالها الاحتلال الإسرائيلي واعترض جثمانها.. الفلسطينيون يشيعون الصحفية والأسيرة المحررة غفران وراسنة" الجزيرة.

militares. Eles adulteram provas. Confundem, enganam e fazem interpretações equivocadas, fabricando consentimento em favor da limpeza étnica e criando confusão em torno de assassinatos que são claros como o dia. A corajosa indústria que se gaba de dizer "a verdade sobre os poderosos" não passa de um megafone para os poderosos. Já vimos isso inúmeras vezes. É quase uma sátira: âncoras rejeitam os dados diante de seus olhos para recitar mentiras, e jornais parecem caricaturas de si mesmos. Quando um ataque aéreo israelense em 2014 atingiu um café em Gaza e despedaçou oito palestinos,[17] a manchete do *The New York Times* foi "Míssil em café à beira-mar em Gaza atinge frequentadores prontos para assistir à Copa do Mundo".[18] Míssil de quem? Quem atirou? Quem é o atirador?

---

17 Cf. "Remembering Israel's killing of four children on the beach in gaza" (Hussein, 2020).

18 Notavelmente, o jornal não deu o nome de nenhum dos palestinos mortos pelo fogo naval israelense. Uma hora após a publicação, a manchete foi alterada para "Míssil mata oito no Beachside Gaza Café"; algumas horas depois, ela foi alterada novamente, pela última vez, agora não apenas ofuscando o culpado, mas removendo completamente o míssil. Cf. "In rubble of Gaza Seaside Cafe" (Akram, 2014).

No caso de Ghofran Warasneh, que soldados israelenses balearam num posto de controle que barrava a entrada de sua cidade natal ocupada, não foi meramente a falta de passaporte – o fato de se tratar de uma pessoa apátrida – que fez dela uma vítima pouco atraente. Foi a justificativa apresentada pelos soldados para a terem matado, o que classificou seu assassinato como a eliminação banal de uma palestina. O exército difundiu a narrativa de costume: ela era uma agressora, armada com uma faca que jamais foi encontrada.[19] Embora infundada, essa narrativa revogou a "civilidade" de Ghofran, colocando-a lado a lado com aqueles cujos assassinatos não apenas são legais como inegociáveis: os militantes palestinos. E, assim, Ghofran se tornou um tema delicado para as mesmas organizações de direitos humanos e de liberdade de imprensa que saíram correndo em defesa – que aqui, se resume pateticamente ao pedido de "uma investigação independente" – de Shireen Abu Akleh. Afinal de contas, quem iria querer defender uma pessoa que supostamente pretendia cometer um ataque?[20]

A pergunta é retórica, porém não deveria ser. Nós e nossos aliados passamos gerações reiterando o direito à resistência do povo palestino, seja situando nossa luta pela liber-

---

19 Cf. "Israeli forces kill Palestinian journalist near West Bank Camp" (Middle East Eye, 2022b).

20 Talvez explorar a hierarquia de vidas como tática de "humanização" só se mostre útil quando se trata de "civis neutros" que, ao contrário de Rachel Corrie, não se oporão a uma limpeza étnica diante de uma escavadeira. Mas mesmo a suposta neutralidade não foi historicamente capaz de salvar ou proteger os palestinos.

tação num contexto global (*Os Estados Unidos consideravam Nelson Mandela terrorista até 2008*), ou citando o direito internacional (*A Resolução 37/43 da Assembleia Geral da ONU reafirma...*;[21] *De acordo com o Protocolo I das Convenções de Genebra...*), ou citando pensadores revolucionários (*O trabalho do colonizado é imaginar todos os métodos possíveis para aniquilar o colonizador*).[22] No entanto, quando a descolonização abandona o conceitual para ir em busca de suas manifestações materiais, muitos de nós tendemos a perder nossa bússola.

Em outras palavras, quando um indivíduo palestino se engaja de modo tangível na luta armada, sua luta, mesmo num plano discursivo, permanece individual. Muitos de nós enterramos a cabeça na areia, fingindo não ver os palestinos com facas, rifles ou coquetéis molotov. Não editorializamos as histórias daqueles que lutam pela liberdade como fazemos com as histórias daqueles que foram brutalizados. Não nos unimos por eles como fazemos no caso das pessoas desarmadas e dos que foram "executados extrajudicialmente", o que reforça de modo inadvertido a jurisdição a que o colonizador se arroga sobre nossa terra roubada. Gastamos nosso tempo obcecados em saber se a faca foi plantada ao lado do morto — *o que frequentemente é o caso* — ao invés de

---

21 "Importância da realização universal dos direitos dos povos à autodeterminação e à rápida concessão de independência aos países e povos coloniais para a garantia efetiva e a observância dos direitos humanos" (ONU, A.G. Res. 37/43, 1982).

22 Cf. Fanon, 2022, p 87.

nos perguntarmos os motivos que podem ter levado o morto a pegar uma faca em primeiro lugar. Mas se a "sociedade que leva seus membros a soluções desesperadas é... uma sociedade que precisa ser substituída",[23] e se temos o direito moral e legal à resistência violenta contra as potências coloniais, por que *não* defender uma suposta agressora?

---

23 Cf. "Carta ao Ministro Residente" (Fanon, 2021, p. 94).

A invenção do civil como uma figura "não partidária", "neutra", exacerbou a despolitização da causa palestina. Para sermos vistos como civis precisamos existir numa dimensão mitológica na qual não temos perspectiva. Nossa causa, da maneira como essa mitologia a imagina, já não é mais compreendida como uma luta por libertação, e sim como uma "crise humanitária", em que revolucionários não são parte integrante da nossa nação, motivados por aspirações políticas e sonhos de emancipação. Ao invés disso, eles são interpretados como agentes fora de controle que, de modo insensato, causam danos, para tristeza dos observadores indefesos — as mulheres e crianças desinteressadas, os socorristas e jornalistas imparciais.

Nessas leituras a-históricas, que ofuscam o desequilíbrio de poder entre o ocupante e o ocupado, o militante é retirado do contexto que lhe deu origem; espera-se que a âncora da TV apresente o assassinato dos irmãos dela como se fosse uma observadora imparcial; espera-se da enfermeira, cujo paciente é um amado colega de trabalho mutilado por um ataque aéreo, que mantenha o "profissionalismo", que não busque se vingar do operador do drone. Nessa dimensão, o *fedaí* reemerge como "uma figura que lembra muito o soldado sionista, capaz de cometer 'crimes de guerra' contra 'civis' no coração de 'Tel Aviv'".[24] Isso, como escreve Orouba Othman, "obscurece o fato de que o militante armado é uma vítima que primeiro herda de seus ancestrais as condições de

---

24 Cf. "Reshaping the victim: On stealing Shireen Abu Akleh from her people" (Othman, 2022).

desapropriação, expulsão e mutilação, e depois transforma essas abstrações na força que motiva a decolonização".[25]

O militante — seja em Gaza ou Jenin — não é um fenômeno inexplicável ou uma "aberração da natureza". Nem é apenas um descendente dos que sobreviveram à Nakba e que foram forçados a sair de suas casas em Yafa e Al-Naqab, carregando consigo sua raiva amarga décadas depois de ela já ter se tornado rançosa. O militante confronta suas próprias Nakbas todos os dias, sua fúria ressuscita toda vez que ele passa por uma revista íntima nas ruas de Jerusalém ou é espancado com a coronha de um rifle no posto de controle militar em Qalandiya. Cada deslocamento, cada demolição, cada funeral prematuro acrescenta combustível ao seu fogo. Cada irmão que ele enterra ou visita na prisão, cada bala que embosca seus colegas, cada foguete que polui seu céu o inflama.

Meu instinto, ao escrever em inglês, é oferecer contexto explicando por que um grupo de jovens iria querer pegar em armas contra seus ocupantes,[26] fazer ao público as perguntas básicas sugeridas por Rachid Hussein:[27]

---

25 Ibid.

26 Uma versão dessa passagem apareceu em "Do I believe in violence?" (El-Kurd, 2022c).

27 Nascido em Haifa, Palestina, Rachid Hussein (1936–1977) era poeta, professor, orador e membro fundador do Movimento pela Terra, de 1959. Ele morreu em um incêndio "misterioso" em um apartamento na cidade de Nova York.

Depois que eles incendiaram minha terra natal,
meus amigos e minha juventude,
como podem meus poemas não se transformarem em armas?[28]

Mas o Norte Global demonstrou, especialmente nos últimos anos, não precisar de contexto para justificar a resistência a ocupações. A resistência, na mente ocidental, não se define pelo ato em si, ou seja, pela autodefesa ou pela defesa da comunidade como uma força opressiva. A resistência, na verdade, se define com base em seus perpetradores.

Em 2022, tentei ajudar minha amiga Ru'a Rimawi a publicar um ensaio sobre os irmãos dela, Jawad e Thafer Rimawi, dois jovens palestinos baleados e mortos pelas Forças de Ocupação Israelenses durante um ataque a seu vilarejo, onde as IOF nem deveriam estar. Eles foram mortos com minutos de diferença.[29] Oferecemos a história para o *The Guardian*, para o *The Washington Post* e para o *Los Angeles Times* (não tentamos o *The New York Times*). Todos os veículos ou rejeitaram, ou ignoraram o artigo. Quando falamos com um especialista em mídia sobre isso, a opinião dele foi que o artigo de Ru'a não iria ser publicado porque os irmãos dela arremessaram pedras contra o exército israelense, porque eles passaram seus últimos momentos honradamente

---

28 بعد إحراق بلادي ورفاقي وترابي
كيفَ لا تصبحُ أشعاري بنادق!
Do poema "Against" [título traduzido pelo autor para o inglês]. Cf. Hussein, 1976.

29 Trechos dessa passagem apareceram em "'We shouldn't grow up dreaming that our friends don't get killed'" (El-Kurd, 2023a).

defendendo sua comunidade contra a violência colonial. A resistência, no caso deles, era algo profano, desonroso, que desagradaria os leitores. Eles não eram vítimas perfeitas, e por isso não ofereceram a eles um espaço no *LA Times*.[30]

No entanto, no mesmo mês em que Ru'a estava tentando publicar a história de seus irmãos, o *LA Times* publicou uma manchete que dizia: "Civis de Kiev pegam em armas... para combater ataque russo à Ucrânia".[31] *Civis*. O *Washington Post* publicou uma manchete semelhante.[32] O *Guardian* fez um perfil dos "Estudantes ucranianos que fabricam coquetéis molotov".[33] O *New York Post* publicou um texto com uma manchete elogiando um "heroico" homem-bomba ucraniano.[34] *No mesmo mês* em que Ru'a foi rejeitada por vários jornais porque seus irmãos ousaram resistir à ocupação, a *Sky News* exibiu algo que pode ser basicamente descrito como uma oficina de fabricação de coquetéis molotov: "Civis ajudam a fazer coquetéis molotov para enfrentar forças russas".[35] O *The New York Times* entrevistou um psicólogo

---

30 Trechos dessa passagem apareceram em "The right to speak for ourselves" (El-Kurd, 2023i).

31 Cf. "Kyiv civilians take up arms... to fight Russian attack on Ukraine" (Bulos, 2022).

32 Cf. "Ukrainians Google 'How to make a molotov cocktail' after defense minister's call to arms" (Mateus, 2022).

33 Cf. "'I haven't told my granny': Ukraine's student molotov cocktail-makers" (Harding, 2022).

34 Cf. "Heroic Ukrainian soldier blows himself up on bridge to prevent Russian advance" (Steinbuch, 2022).

35 Cf. "Civilians help make molotov cocktails to take on Russian forces" (Osborne, 2022).

que afirmou que "a raiva e o ódio", no contexto de uma ocupação, "são uma reação normal e que é importante validá-las", acrescentando que esse ódio deveria ser "canalizado para algo útil", como "produzir bombas incendiárias".[36]

36 Cf. "Hate for Putin's Russia consumes Ukraine" (Varenikova, 2022).

Nas páginas do *The New York Times*,[37] enquanto "a atividade de insurgentes [ucranianos] se intensifica",[38] "[combatentes do Hamas] se escondem em bairros residenciais".[39] "Os combatentes [ucranianos] atacam invisíveis em ambientes que conhecem intimamente, usando carros-bomba, armadilhas e atirando com pistolas em seus alvos",[40] enquanto combatentes do Hamas estão "armazenando suas armas em quilômetros de túneis e casas, mesquitas, sofás".[41] Nas páginas do

---

37 Um estudo abrangente do *The New York War Crimes*, "Words like slaughter", comparando a cobertura do *Times* da guerra genocida em Gaza com sua cobertura da invasão da Ucrânia, concluiu que o jornal legitimou e glorificou os militares ucranianos e os grupos de resistência clandestinos "inequivocamente", ao mesmo tempo que condenava os resistentes palestinos, "que geralmente são considerados terroristas e raramente têm suas motivações, perspectivas ou estratégias explicadas". O *The New York War Crimes* é um jornal gratuito, distribuído pela Writers Against the War on Gaza (WAWOG). Desde sua primeira edição, de 9 de novembro de 2023 – que listou os nomes de dois mil seiscentos e oito mártires mortos pelas Forças de Ocupação Israelenses –, o jornal publicou doze edições temáticas, incluindo "Mídia fabrica consentimento para genocídio" e "Revolução e resistência até a libertação e o retorno". "Usando como arma o amplo reconhecimento visual do *Times* como voz de autoridade", o jornal é influenciado pelo jornal da ACT UP, *New York Crimes*, que começou a circular em 1988, perto do início da epidemia de Aids nos Estados Unidos. Cf. "Stealing the voice of authority" (Isack, 2024).

38 Cf. "Behind enemy lines, Ukrainians tell Russians 'You are never safe'" (Kramer, 2022).

39 Cf. "How Hamas is fighting in Gaza: Tunnels, traps and ambushes" (Kingsley et al., 2024).

40 Cf. Kramer, op. cit.

41 Cf. Kingsley et al., op. cit.

Times, ambos os povos estão "se misturando à população local",[42] "borrando os limites entre civis e combatentes".[43] Para o jornal, "essas práticas significam que o Hamas é responsável pela morte de muitos civis, de acordo com a legislação internacional".[44] Mas o jornal se regozija ao afirmar que um relatório da Anistia Internacional acusando os militares ucranianos de violar a lei internacional e arriscar as vidas de civis ao operar em hospitais, bairros residenciais e escolas[45] "foi alvo de ampla e quase universal condenação".[46]

A sua conclusão como leitor do *Times* é a seguinte: ucranianos vão à guerra na selva de concreto porque eles, ao contrário dos palestinos, "têm cada vez menos opções quando se trata de lugares onde dispor suas forças". A Ucrânia está "se defendendo contra o exército russo, que tem poder de fogo imensamente maior".[47] Mas as "táticas do Hamas [no lugar mais densamente povoado do planeta] explicam por que Israel foi forçado a atacar tantas infraestruturas civis, a matar tantos palestinos e a prender tantos civis".[48]

A resistência, na mente ocidental, é um conceito mutante. Ao mesmo tempo que a resistência ucraniana é glorificada por

---

42 Cf. Kramer, op. cit.

43 Cf. Kingsley et al., op. cit.

44 Cf. "Gaza's vital tunnels" (Leonhardt; Jackson, 2023).

45 Cf. "Ukraine: Ukrainian fighting tactics endanger civilians" (Anistia Internacional, 2022).

46 Cf. "An Amnesty International Assessment that Ukraine 'put civilians in harm's way' stirs outrage" (Hopkins; Gibbons-Neff, 2022).

47 Ibid.

48 Cf. Kingsley et al., op. cit.

suas táticas de guerra de guerrilha, a resistência palestina — definida como "terrorismo" — é complicada, pervertida e patológica. A insistência da grande mídia em abordagens como essas não se deve a diferenças fundamentais nos modos como os dois povos exercem a violência. Nem se deve unicamente à cor da pele dos ucranianos; basta olhar para o Exército Republicano Irlandês para ver que a branquitude, por si só, não é um bilhete dourado — pelo menos não numa guerra contra o colonialismo britânico.

Na verdade, a mudança do tom empregado na cobertura da mídia está simplesmente a serviço dos interesses estratégicos do Ocidente. Se por um lado o regime colonial israelense é o mais importante aliado dos Estados Unidos no Oriente Médio, e praticamente uma ramificação da Europa, criado para proteger o imperialismo ocidental, a Rússia representa uma ameaça "existencial" para o Ocidente.[49] Assim, não chega a ser exatamente uma surpresa que os jornais mantidos e operados pelas classes dominantes deslegitimem a revolta palestina nas mesmas páginas em que celebram a revolta ucraniana. Para sustentar o projeto sionista na Palestina, para proteger os empreendimentos capitalistas e militares na região, o combatente palestino que luta pela liberdade deve tombar. E, portanto, os estenógrafos do império padronizam a desumanização dos palestinos e a demonização da sua resistência. Quantos palestinos foram mortos pelas mesmas forças e instituições que exigem que eles se mantenham "neutros" e "sem partido", caso queiram manter sua "inocência"? Somos todos, de um jeito ou de outro, terroristas aos olhos do jornal de referência.

---

49 Cf. Discurso na Sorbonne (Macron, 2024).

E quem entre os "terroristas" é inocente? Em uma entrevista na CNN, Christiane Amanpour, que se tornou conhecida ao cobrir o genocídio bósnio, pergunta a um autor israelense de destaque: "Posso lhe perguntar, porque você é uma pessoa que *realmente pensa a fundo sobre as coisas*... Existe um labirinto moral? É possível sustentar dois pensamentos ao mesmo tempo?". O autor balança a cabeça de um lado para o outro, discordando ou talvez achando divertido, depois interrompe a pergunta com uma ironia. Amanpour continua: "Que aquela matança [em 7 de outubro] foi a pior coisa que poderia ter acontecido, e, ao mesmo tempo, que todo mundo deveria ter o direito de viver com direitos e dignidade, incluindo o povo palestino?". Ela rapidamente esclarece, talvez se corrigindo: "E *não* estou falando do Hamas".[50]

Ao excluir de forma contundente o Hamas da categoria daqueles que têm direito a "viver com direitos e dignidade", Amanpour de fato sugere que a Declaração dos Direitos Humanos, supostamente universal, pode ser condicionada às filiações políticas de cada um. Sugestões semelhantes provocariam indignação se fossem proferidas em relação a *qualquer* outro partido político contemporâneo ou a qualquer grupo. Essa, claro, é apenas uma interpretação. Mas por que dissecar as observações de Amanpour quando há inúmeros exemplos de retórica aniquiladora que dispensam a leitura das entrelinhas? Por que não focar nos políticos com mandato que descrevem os palestinos como "selvagens" que

---

50 Cf. entrevista cedida a Christiane Amanpour (Harari, 2023).

"precisam ser erradicados";[51] políticos cujos gritos de guerra são "acabem com eles",[52] "arrasem o lugar"[53] e "tirem esse entulho de Gaza";[54] políticos que, quando questionados sobre nossas crianças, dizem com entusiasmo: "Devíamos matar todos eles"?

O caráter explícito desses comentários não os tornaria mais denunciáveis – ou, ao menos, mais noticiáveis? A ausência de ambiguidade não deveria impedir os erros de interpretação? Se é esse o caso, por que o *The New York Times* omite que o ministro da Defesa de Israel se referiu aos palestinos como "animais humanos" ao relatar suas instruções para apertar o cerco a Gaza cortando a água, a eletricidade e o acesso à comida? Quando o presidente israelense falou com a imprensa internacional, berrando que "uma nação inteira é responsável", por que o *Financial Times* apressadamente removeu de seu jornal de imensa circulação a citação: "Essa retórica de que os civis não sabem de nada, não estão envolvidos, não é verdadeira"?[55]

Considerando que as declarações mais descaradas não aparecem nem mesmo no sublide ou nas margens da notícia, por que mencionar as coisas mais sutis? Porque nessa suti-

---

51 Cf. entrevista cedida a Jake Tapper (Rubio, 2023).

52 Citado em Inlakesh, 2024.

53 Citado em Wilkins, 2023.

54 Cf. entrevista cedida a Shannon Bream (Cotton, 2023).

55 A citação, publicada originalmente no nono parágrafo, foi excluída no mesmo dia, embora nenhuma nota do editor tenha sido incluída, como é costume para notificar os leitores sobre uma mudança significativa feita em um artigo após sua publicação inicial (Kerr et al., 2023).

leza há uma lógica mais perigosa, mais insidiosa. Examinar a conversa entre a âncora de uma emissora de TV progressista e um autor progressista desvela os fundamentos de seu discurso: os palestinos devem denunciar certas afiliações, determinadas pelo Ocidente, para serem considerados dignos de viver. Ou, para me corrigir: para serem dignos de *condolências*, já que estamos condenados de um jeito ou de outro. As bombas não discriminam com base em ideologia política: atingem o progressista e o radical, o salafista e o secular, o comunista e o capitalista, às vezes debaixo de um mesmo teto. Quando o atirador encontra o seu quarto na mira do rifle dele, ele (ou ela)[56] não liga se a fotografia ao lado da sua cama é de Nasrallah, de Gandhi ou de Haifa Wehbe. A fotografia só é útil quando o seu caráter está sob julgamento.

Essa é a tensão em que existimos: em resposta aos "malvados" que dizem que não há inocentes entre nós, os "mocinhos" respondem que, na verdade, há inocentes *se você procurar com muito empenho*. Você ouve isso em toda parte, em entrevistas coletivas na Casa Branca, nos corredores da União Europeia, e até mesmo nos parágrafos do passional artigo de opinião de um aliado: *nem todos os palestinos são o Hamas*. E é verdade que nem todos os palestinos apoiam o Hamas. Mas qual é a implicação desse argumento? Ao distinguir os palestinos do Hamas (ou diferenciar os apoiadores da organização de seus opositores, os membros dos não membros), Amanpour, caso eu lhe dê o benefício da dúvida, queria convencer seu convidado israelense da humanidade

---

56 Feminismo!

dos palestinos. Mas em sua tentativa de fazer isso, pode-se inferir que ela implicitamente condenou os membros e apoiadores do Hamas a morrer. Pois quando insistiu que não está "falando do Hamas", ela se afiliou à crença que serve de fundamento tanto para a sociedade israelense quanto para a americana, em diversos pontos do espectro político: a não ser que os palestinos mantenham uma disposição sociopolítica pré-aprovada, não há a obrigação sequer de fingir que são humanos.

Uma semana depois dessa entrevista com Amanpour, o autor progressista que *realmente pensa a fundo sobre as coisas* foi a um canal de TV japonês e afirmou que o Estado colonizador "poderia se defender por conta própria com todas as armas que tem, incluindo sua capacidade nuclear".[57]

---

57 Cf. Harari, 2023.

Claro, na Palestina, como em todo lugar, há indivíduos que são ou se definem como "apolíticos". Existem — seria possível argumentar — médicos que pensam que todas as partes são culpadas, jornalistas que acreditam no mito da objetividade (ao invés de ridicularizá-lo). Mas a "neutralidade" não é um indicador de inocência, nem garante segurança. Na verdade, o que une tanto os apartidários quanto os partidários, ou os que são partidários por associação, é sua suscetibilidade à violência do colonizador. A diferença é que parecemos correr ao resgate apenas daqueles vistos como apolíticos. Quando os afiliados (ou os supostamente afiliados) são alvejados, primeiro tentamos negar sua suposta afiliação para depois responder ao pedido de ajuda.

Alguns meses após o início do atual genocídio em Gaza, que é "o mais mortal conflito para jornalistas na história recente", as Forças de Ocupação Israelenses passaram a considerar abertamente jornalistas empregados por organizações de mídia associadas ao Hamas ou por ele dirigidas como "legítimos alvos militares". Um porta-voz sênior das IOF chegou a dizer aos repórteres que "não há diferença entre trabalhar para a TV Al-Aqsa e pertencer à ala armada do Hamas".[58] Essa declaração nos traz à mente outro comentário de um porta-voz militar, segundo o qual a falecida Shireen Abu Akleh estava "armada com sua câmera".[59] Também nos

---

58 Cf. "'The grey zone': How IDF views some journalists in Gaza as legitimate targets" (Davies et al., 2024).

59 Cf. "Shireen Abu Akleh: Arab journalists remember iconic Palestinian reporter" (MacDonald; Hammad, 2022).

traz à mente uma manchete do *Jewish Insider* que dizia: "Um terço dos jornalistas mortos em Gaza eram afiliados a grupos terroristas".[60] Uma manchete em que jornalistas justificam o assassinato de jornalistas.

O instinto de muitos defensores dos palestinos é desfazer a conexão entre os jornalistas palestinos assassinados e suas supostas inclinações políticas, como se em qualquer lugar do mundo essas coisas existissem isoladamente. Embora exija-se de nós que nos distanciemos dos combatentes que lutam contra o colonialismo e a ocupação, os soldados sionistas — os colonizadores e os ocupantes — podem trabalhar, sem muita ironia ou escrutínio, em redações e em organizações de vigilância da mídia. Vejamos, por exemplo, o repórter político da *Axios* que cobria assuntos israelenses, Barak Ravid: ele foi, até março de 2023, reservista nas Forças de Ocupação Israelenses enquanto trabalhava para um veículo de comunicação internacional. Ou o editor-chefe da *The Atlantic*, Jeffrey Goldberg, que abandonou a universidade americana para se alistar voluntariamente na IOF durante a Primeira Intifada e, em seguida, enquanto exercia seu trabalho como suposto conselheiro prisional no célebre campo de Ketziot, mentiu para encobrir um amigo que ele testemunhou espancando um prisioneiro.[61] Correspondentes ligados ao exército israelense não são desafiados com base na sua proximidade com "o conflito", muito menos condenados à

---

60 Cf. "One-third of journalists killed in Gaza were affiliated with terrorist groups" (Harkov, 2024).

61 Cf. Goldberg, 2006, p. 22–26.

morte por sua participação no aparato militar israelense ou sua afeição por ele.[62] Eles não precisam ser humanizados.

De fato, eles são muitas vezes mais do que meramente humanos; a revista *The New Yorker* não teve reservas em citar um jornalista, que chamou de "esquerdista", e que enalteceu os soldados da Forças de Ocupação Israelenses *levando a cabo* o genocídio em Gaza com as palavras "eles são nossos filhos... Eles são nós".[63] Se você é um correspondente do *The New York Times* na Jerusalém ocupada, como era o caso de Isabel Kershner, com dois filhos nas IOF, como isso influencia suas reportagens sobre "o conflito"?[64] Se o dever profissional do seu cônjuge era "moldar uma imagem positiva de Israel na mídia"[65] – enquanto diretor de programação no Institute for National Security Studies (INSS), o "principal *think tank* de segurança"[66] do Estado colonizador, como era o caso do marido de Kershner[67] –, como você pode manter sua imparcialidade como repórter? "Um exame dos textos que Kershner escreveu ou para os quais contribuiu desde 2009 revela que ela se baseia esmagadoramente em informações do INSS para suas análises sobre acontecimentos na

---

62 Cf. "Jeffrey Goldberg doesn't speak for the Jews" (Klion, 2018).

63 Cf. "What we know about the weaponization of sexual violence on October 7th" (Gessen, 2024).

64 Cf. "Another The New York Times' reporter's son is in the Israeli army" (Weiss; Horowitz, 2014).

65 Cf. "New conflict of interest at NYT Jerusalem bureau" (Kane, 2012).

66 Cf. "Israel's top security experts redraw West Bank map for the Trump era" (Tobin, 2017).

67 Seu nome é Hirsh Goodman.

região."[68] Exemplos de repórteres com vínculos diretos com a entidade que promove o genocídio contra o povo palestino são numerosos.[69] Quanto aos palestinos, somos submetidos a um padrão completamente diferente e inatingível.

Para um palestino, não basta ser jornalista para ser considerado humano; ele deve ser "apartidário". Caso contrário, de acordo com a lógica sionista, ele não pode ser pranteado ou incluído no número oficial de mortos; massacrá-los é motivo de comemoração. Uma exigência tão inviável de "apartidarismo" fragmenta ainda mais os palestinos: não só estamos divididos com base em fronteiras coloniais e geografias inventadas, como mesmo dentro de uma única profissão estamos divididos em alvos legítimos e ilegítimos. Isso criou uma realidade na qual o povo palestino é levado ao conflito interno; alguns de nós trabalham para agências estrangeiras respeitáveis, outros para agências locais, "administradas pelo Hamas". Como resultado dessa acusação, buscamos o excepcional e o citamos.

E quando digo "nós", eu me incluo nessa crítica. Ao escrever a história de Omar Asaad nas páginas anteriores, gastei

---

68 Cf. Tobin, op. cit.

69 O ex-chefe da sucursal do *The New York Times* em Jerusalém, Joel Greenberg, serviu nas Forças de Ocupação Israelenses. Filho de outro ex-chefe da sucursal do *Times* em Jerusalém e editor sênior de Oriente Médio da Bloomberg News, Ethan Bronner tem um filho que serviu nas forças israelenses. David Brooks, colunista conservador do *Times*, também tem um filho que serviu, assim como Andrew Revkin, que foi blogueiro do Dot Earth no *Times*. Cf. *Electronic Intifada*, 2010; Weir, 2010; Revkin, 2013; e Weisberg, 2014.

algum tempo procurando fontes confiáveis que comprovassem que os soldados o haviam espancado. Algo, talvez um comportamento profundamente arraigado e aprendido ou um impulso subconsciente e penetrante, me dizia que não bastava que ele tivesse sido deixado para morrer no frio — amarrado, amordaçado e com os olhos vendados. Ele também precisava ter sido espancado. Apesar de toda a argumentação angustiante que desenvolvo neste livro, examinei diversos artigos na tentativa de editorializar seu assassinato com mais uma camada de brutalidade. Mas quando fazemos o que fazemos com Shireen Abu Akleh, com Omar Asaad, com Hind Rajab, com Mohammed Abu Khdeir, quando o fazemos por amor, por um desejo desesperado de legitimar o luto por eles, estamos inadvertidamente reificando a lógica colonial que os matou e, mesmo antes disso, tornou-os passíveis de serem assassinados.

Aqueles de nós que não agitaram o passaporte de Shireen, exibindo-o como um indício de inocência num julgamento sobre difamação, fizeram outra coisa. Citamos, repetidas vezes, o colete e o capacete ensanguentados num esforço para absolvê-la do crime de ser palestina. No dia em que ela foi assassinada, as forças israelenses mataram Thaer Yazuri, de dezoito anos, na cidade de Al-Bireh, perto de Ramallah[70] e usaram Ahed Mereb, de dezesseis anos, como escudo humano em Jenin.[71] No mesmo dia, balearam Rami Srur, de vinte e três anos, depois de falsamente acusá-lo de esfaquear um soldado na parte velha de Jerusalém.[72] Nenhum dos três usava colete de imprensa, e por isso permaneceram confinados ao domínio dos descartáveis.

Mas Shireen Abu Akleh — mesmo com um colete e um capacete de imprensa — não era uma observadora neutra. "Armada com sua câmera", ela dedicou décadas de sua vida para descobrir a verdade. Era uma de nós, do começo ao fim. Ela celebrava quando celebrávamos e lamentava quando lamentávamos. Sendo assim, por que distanciá-la do restante de seu povo? Por que divorciá-la de Fatima, Leila, Rasmea, Khalifa, Dalal, e das muitas mulheres que usaram vários meios para resistir à ocupação? Em Jenin, uma mulher marchando atrás do caixão de Shireen deu seu testemunho a jornalistas que filmavam: "Shireen estava nos destroços pro-

---

70 ٢٠٢٢/أيار/ ١١ تشييع جثمان الشهيد الفتى ثائر اليازوري- *وكالة معًا*.

71 "Israeli forces use Palestinian girl as a human shield in Jenin" (Defense for Children International – Palestine, 2022).

72 ٢٠٢٢ /أيار/ ١٧ قرار بالإفراج عن الطفل المصاب رامي سرور- *بوابة الهدف الإخبارية*.

curando por mártires... no campo de Jenin durante a invasão [israelense de 2002]... Ela me ajudou a procurar meus filhos".

Em um post do Facebook de julho de 2021, Shireen escreveu uma frase quase profética: "Certas ausências podem trazer à luz uma presença maior". De fato, a ausência dela uniu o povo palestino, independentemente de classe, religião, gênero e afiliação política. Os palestinos deram a ela aquilo que um de seus colegas chamou de o "mais longo funeral na história recente da Palestina... quarenta [quilômetros] de amor".[73] A procissão por ela em Jerusalém foi, na verdade, a quarta organizada para prantear sua morte; as outras ocorreram em Nablus, Ramallah e Jenin, onde os atiradores israelenses a assassinaram.

Em Jerusalém, centenas de milhares de pessoas participaram do funeral. Portadores de documentos de identidade verdes pularam o muro e se infiltraram na cidade, vindos da Cisjordânia. Ônibus vieram dos territórios palestinos de 1948. Desconhecidos ofereceram abraços e condolências uns aos outros. Eles marcharam do Hospital Saint Joseph até a igreja católica e passaram pelo Portão de Yafa a caminho do cemitério, onde enfim seu corpo foi sepultado. Dezenas de bandeiras palestinas foram agitadas em toda a cidade sagrada ocupada. Era uma cena ímpar. E apesar dos ferimentos e dos cassetetes, a terra falava árabe.[74]

---

73 Rania Zabane na Al Jazeera.

74 A referência é à incrivelmente célebre canção dos anos 1960 "El ard btitkallim 'araby" (الأرض بتتكلّم عربي) [A terra fala árabe], do cantor e compositor egípcio Sayyed Makkawi. A letra é do poeta egípcio Fouad Haddad.

As multidões, com seus cantos, forçaram o início de um novo capítulo da batalha pela nossa cidade, que por décadas viu a rápida expansão colonial e a diminuição da presença palestina.[75] Ainda que temporariamente, o funeral de Shireen nos catapultou a um futuro glorioso e emancipado. Todo mundo estava lá: as donas de casa, os engenheiros, os que arremessam pedras, os transeuntes que se autodescrevem como apolíticos, os socorristas, os estudantes, os motoristas de ônibus mais velhos, o clero. Por um instante fugaz, as feridas não doeram, a prisão não teve importância, o gás lacrimogêneo não era tão ruim. Por um instante fugaz, Shireen Abu Akleh libertou Jerusalém, e Jerusalém, em retorno, deu a ela um funeral digno de uma mártir.

---

75 Esse tipo de reunião tem estado fora do alcance dos palestinos nos últimos anos. Desde que três israelenses sequestraram, mataram e queimaram Mohammed Abu Khdeir, de dezesseis anos, em 2014, Jerusalém começou a se parecer cada vez menos consigo mesma. Devido ao intenso escrutínio e à perseguição da polícia israelense e dos Mustaaribin (unidades secretas de inteligência militar e policial israelenses, famosas por se vestirem e falarem como palestinos e se misturarem à multidão como agentes provocadores, realizando prisões e espancamentos), as reuniões políticas ou sociais dos palestinos tornaram-se quase inexistentes. Durante a Revolta da Unidade de 2021, jovens de peito nu confrontaram soldados fortemente armados por seu direito de sentar-se, comer, cantar e protestar no Portão de Damasco — antes o coração pulsante de Jerusalém, agora infestado de câmeras de vigilância, torres de vigia militares e policiais prontos para brutalizar as pessoas. Durante o Ramadã daquele mesmo ano, os palestinos lutaram para preservar o status do complexo da Mesquita de Al-Aqsa, não apenas um dos locais mais sagrados do islã, mas também um centro de atividades sociais, políticas e educacionais palestinas. O funeral de Shireen Abu Akleh — no Portão de Yafa — marca uma retomada do espaço público.

4 Uma vida de interrogatórios

Sobre sentimentos esquecidos

e decidi que eu não era em nada melhor
do que os piores sobre a Terra...
Eugene V. Debs[1]

Sociedades de chimpanzés declaram guerra umas contra as outras. Corvos produzem e usam ferramentas. Golfinhos falam entre si e conversam sobre nós. Eles têm diferentes dialetos e vários sinônimos para "humano" – alguns deles depreciativos. A linguagem, como tal, não é o que nos distingue de outras criaturas que vagam sobre a Terra. Nem a inteligência. Os sentimentos – sentimentos complexos, sofisticados –, dizem, são o que tornam os humanos únicos. O modo como refinamos ou distorcemos nossas emoções, como as codificamos em estruturas, como sistematizamos nossa vida interior com suas camadas e recursos, como

1 Declaração de Debs ao juiz David C. Westenhaver imediatamente depois de sua condenação pelo Ato de Sedição de 1918, em 14 de setembro de 1918 (Karsner, 1919, p. 48).

imortalizamos nossas efêmeras expressões na arte, na política ou na forma de veneno é o que nos destaca. Ou pelo menos é isso que dizemos para nós mesmos.

No arcabouço da "humanização", os palestinos não são inteiramente privados das "emoções únicas dos humanos"; contudo, o afeto permitido ao palestino — o escopo de sentimentos que se tem permissão para expressar abertamente — é extremamente restrito e encolhe a cada ação percebida como "infração". Temos permissão para ser hospitaleiros (Yosef Weitz, o "Arquiteto da Transferência",[2] escreveu em seu diário sobre os palestinos insuspeitos que serviram comida a ele e que lhe deram as boas-vindas nas casas que mais tarde ele roubou).[3] Imploram que sejamos pacíficos (ou submissos) e tolerantes, e quando o fazemos somos tolerados. Somos fracos e não devemos herdar nenhuma terra. Aquilo a que não temos direito é o futuro: não podemos ser ambiciosos ou astutos: não podemos aspirar à soberania ou à vingança. Somos privados do direito à complexidade, aos

---

2 Yosef Weitz (1890–1972) foi um judeu polonês que se estabeleceu na Palestina em 1908 e, mais tarde, tornou-se diretor do Departamento de Terras e Florestamento do Fundo Nacional Judaico (FNJ). Ele participou do primeiro e do segundo Comitê de Transferência, projetados para lidar com "o problema árabe". Conhecido como o "Arquiteto da Transferência" — sendo "transferência" um eufemismo para limpeza étnica —, Weitz desempenhou um papel fundamental na expulsão forçada da população nativa palestina durante a Nakba. Ele também é carinhosamente chamado pelos israelenses de "Pai das Florestas", por seu trabalho no FNJ: cultivar florestas sobre as ruínas de aldeias palestinas despovoadas para escondê-las.

3 .יומני ואגררותי בלניס. יוסף ויץ.

sentimentos contraditórios, do direito de "conter multidões".[4] Nossa tristeza não tem dentes. Talvez possamos ser amargos (ver: "Rejeicionismo palestino"), mas a beligerância e a hostilidade — conceitos estranhos a nossos opressores, aparentemente — mais uma vez nos exilam da humanidade. A única coisa que temos permissão para esperar é o fim do dia.

4 Walt Whitman ou algo assim.

Em seu canônico e belíssimo poema de 1973, "Abdul Hadi combate uma superpotência", Taha Muhammad Ali[5] diz a um júri que seu "cliente" analfabeto, Abdul Hadi, jamais derrubou uma árvore nem matou uma vaca, nem "falou do *The New York Times* pelas costas", e só erguia a voz para demonstrar hospitalidade – "Entre/ pelo amor de Deus, entre".[6] Caso encontrasse "a tripulação inteira/ do porta-aviões *Enterprise*",[7] ele insistiria em servir café da manhã aos homens da Marinha. "Ovos/ fritos,/ e labneh/ recém-feita".[8] Conheço muitos Abdul Hadis: homens agradáveis e amistosos, famosos por sua generosidade. Meu amado pai é o primeiro que me vem à mente, exceto pelo fato de ele preferir ovos cozidos e homus.

---

5 Poeta e contista palestino. Nasceu em 1931 em Saffuriyya, na Galileia, antes de a cidade ser despovoada e destruída pelas forças sionistas. Foi então expulso para o Líbano em 1948 e morreu em Nazaré, na Palestina ocupada, em 2011.

6 Vale observar que a tradução oficial do poema para o inglês introduz um "por favor" antes de "entre", talvez para elucidar o calor da palavra original تفضل (*tfaddal*), ou talvez num esforço para tornar Abdul Hadi ainda mais dócil e agradável. Em outros contextos, *tfaddal* poderia significar um agressivo "Aqui! Pegue!" ou uma forma sarcástica de dizer "olha só isso". O significado literal é "conceder" ou "dignar-se", como em "agracia-nos com tua presença", com os diferentes registros de polidez ou sarcasmo que isso possa sugerir.

7 Porta-aviões da Marinha dos Estados Unidos, o mais longo já construído e o primeiro a ser equipado com armas nucleares. Foi utilizado na maioria das guerras imperiais dos Estados Unidos desde a Segunda Guerra Mundial, passando pela Crise dos Mísseis de Cuba e pela Guerra do Vietnã, até o Iraque e o Afeganistão.

8 Cf. Ali, 2006, pp. 3–7.

Que fardo viver num mundo que espera que nós sejamos uma nação de Abdul Hadis. Falei sobre essa frustração com alguns amigos – na maior parte pessoas que trabalham na mídia – num pub em Londres, no dia em que a polícia metropolitana estava procurando por mim.[9] Meu sentimento não surgiu do nada. Nosso amigo em comum Ahmed Alnauq,[10] que perdeu vinte e um membros de sua família em Gaza pelas mãos dos sionistas, tinha postado nas redes sociais que não odiava o povo judeu.[11] O mundo de que estou reclamando opera sob as mesmas regras que a oração relativa implícita nesta última frase: palavras entre vírgulas comunicam informação supérflua. Se essa oração for removida, a frase continua coerente e gramaticalmente correta. Nesse caso, os vinte e um parentes de Ahmed soterrados por escombros se tornam uma mera oração relativa ao ponto principal: ele declarou que não odeia judeus. Significando que o conforto deles vem antes do nosso. Que mesmo quando a geladeira está vazia, é preciso servir o café da manhã.

Nossas reações à brutalidade sofrida, seja ela violenta ou não violenta, altruísta ou vingativa, é o que será impresso nos jornais, fabricadas para aparecer como o epicentro do assunto, a manchete. Políticos muitas vezes enquadram

---

9 Falo mais sobre isso adiante.

10 Ahmed Alnauq é um jornalista palestino de Gaza e cofundador do projeto We Are Not Numbers.

11 Numa conversa posterior, Ahmed me disse que o número agora passa de vinte e um. "Eu sinceramente parei de contar", ele falou.

nossa resposta à brutalização, especialmente se ela for militante, como a justificativa para sua mais recente política sórdida, como o motivo pelo qual a Terra gira sobre seu eixo. O fato de sermos brutalizados é um mero factoide auxiliar e tangencial em relação à nossa conduta e à nossa disposição. Pense na grande mídia e na chamada comunidade internacional ao tratar dos acontecimentos de 7 de outubro de 2023 como se eles fossem a gênese do "conflito". Pense nas tribunas, pense nas prateleiras de livros.

Em 2009, soldados israelenses mataram, de uma só vez, as três filhas de um homem durante uma incursão à Faixa de Gaza. O pai delas então escreveu um livro intitulado *I shall not hate*. Na descrição do livro no catálogo, antes de qualquer menção às filhas assassinadas do autor, a editora, presumo, prepara o leitor ao articular que esse pai é um médico "com treinamento em Harvard, que dedicou sua vida à medicina e à reconciliação entre israelenses e palestinos... atravessando as fronteiras que separam israelenses e palestinos durante a maior parte de sua vida", tratando "pacientes de ambos os lados", e que ele é "um humanitário", que vê "a educação para mulheres como o caminho para o progresso no Oriente Médio". E só então surgem as filhas. Depois disso, o leitor recebe mais uma garantia: "Em vez de buscar vingança ou se afundar no ódio", ele "pediu às pessoas da região que começassem a falar umas com as outras".

Esse homem enlutado tem treinamento em Harvard, aquele homem enlutado tem um coração de ouro. Um gracejo cruel: o luto deles está fora de questão. Esses homens consolam ao invés de serem consolados, e os voyeurs desses funerais televisionados oferecem em retorno suas condolências condicionais. Mais uma vez, é apenas por meio da remoção das presas que os palestinos podem se comunicar e narrar. Nada mais que uma narrativa marginal, mas ainda assim uma narrativa, a história do palestino tão humano *como você e eu* é uma história que buscou reposicionar os palestinos em um mundo onde eles existam sem narrativa, ou, para ser rigoroso, em um mundo em que ele não é autor de seus próprios atos, mas sim precedido pelas definições dadas por outras pessoas. Será que isso se deve à nossa suposta incapacidade, "desde Ibn Sina e Ibn Khaldun", de produzir "uma teoria da mente"?[12] Será que isso se deve ao fato de não termos "nenhum Einstein, Chagall, Freud ou Rubinstein, de que se tenha notícia", que poderia nos proteger da infâmia com "um legado de feitos gloriosos"?[13] Ou será que existe uma resposta ligeiramente mais sofisticada do que a patética autoflagelação?

As definições que povoam nossas notoriedades estão repletas de mitologia e paranoia. E muitas vezes nossas palavras, em resposta, são um bálsamo — até mesmo uma forte dose de lítio. As elites e os elitistas nas nossas fileiras, mesmo os aliados bem-intencionados, dizem a si mesmos — antes de conseguirem convencer o público — que os palestinos são como você e eu: pais gentis que amam a esposa, que têm, ao contrário da crença popular, cães (não gado) como animais de estimação e uma bronca com a mentalidade de rebanho que, como sabemos, assola a mente árabe. Os pa-

---

12 Cf. "Withholding, avoidance, and recognition" (Said, 1972).

13 Cf. Said, 1999, p. 17.

lestinos podem ser nossos duplos: imitadores da civilidade "ferozmente letrados e bem-vestidos".[14] Eles se parecem conosco, tocando um pouco de Beethoven, bebendo um pouco de vinho, fazendo um pouco de sexo antes do casamento.[15] E se não são americanos nem europeus em seus espelhos, precisam ser excepcionais para superar esse fato. Eles tiram a comida da boca para alimentar você. Se essa não for a sua imagem cuspida e escarrada no nosso reflexo, nos transformamos em super-humanos tão generosos quanto uma árvore generosa, tão misericordiosos como o próprio Deus.

O que circula por aí como "relacionabilidade" nada mais é que etnocentrismo: se eu sou incomparável em relação às suas características, então eu sou indiscernível, e minha opacidade não me torna apenas inferior, mas descartável.[16] E àqueles que são descritos em termos excepcionais — os abatidos que perdoam assassinos, os insultados que não respondem — promete-se uma miragem que não mata a sede.

Lembro de pegar um exemplar de *I shall not hate* numa livraria na rua Salah al-Din, em Jerusalém, em algum momento de 2012. A história soava familiar. Eu não conseguia lembrar se tinha ouvido aquela história específica ou se era outra igualmente devastadora. E eu não conseguia imaginar a dor que esse pai deve ter sentido quando a notícia o alcançou, a dor que ele deve sentir toda vez que precisa re-

---

14 Cf. "Muitos milhares de mortos" (Baldwin, 2020, p. 50).

15 Mãe, não é o meu caso.

16 Cf. "Infra-humanization: The wall of group differences" (Leyens et al., 2007).

viver esses momentos. Mesmo assim, quando o imaginei na minha mente, ele tinha o rosto de Abdul Hadi e do meu pai. Amigável, agradável, capaz de conjurar um banquete em meio à fome.

Eu devia ter treze ou catorze anos na época, tentando decifrar, com meu inglês ruim, o texto na quarta capa, depois parando para ver o título, escrito em letras garrafais: *NÃO DEVO ODIAR*. Eu me lembro de pensar: e se ele de fato odiasse aqueles que mataram suas filhas? E daí?

Maquiavélico, orwelliano, kafkiano e tudo mais. A história tem o hábito de transformar substantivos em adjetivos e, no processo, despi-los de um milhão de camadas de significados. Talvez isso seja a vida após a morte. O destino derradeiro da pessoa é ter seu nome, no fim das contas, significando *uma coisa*, sua complexa vida transformada em um único ponto na memória das pessoas.

De volta a Londres, na mesa do pub, um amigo, jornalista britânico de esquerda, descreveu a resposta de Ahmed ao assassinato de toda a sua família, à exceção de duas irmãs, como "muito humana". Não acho que ele tenha pensado muito na escolha de suas palavras. Ele tem visões políticas sólidas, o que se pode comprovar pelo seu histórico, e não hesita em olhar nos nossos olhos. Observações como essa fazem parte de um léxico ativista. Não se trata de dizer que ele se expressou mal. Na verdade, ele agiu com base no impulso contrapontístico de nos realocar na categoria da qual fomos violentamente excluídos: a humanidade. Ahmed, na verdade, é uma das pessoas mais gentis, mais corretas que já conheci. Um exemplo de paciência, um modelo de compostura capaz de chocar. Mas "humano" não é um adjetivo e certamente não é um elogio.

Para alguns, a fixação num único adjetivo mal utilizado pode soar como um jogo semântico de menor importância. Mas a compreensão que temos das palavras define nossa relação com elas, uma relação de profunda importância, capaz de moldar a nossa visão de mundo e de modular as nossas ações. A linguagem, como tal, é o meio do conhecimento, e conhecimento — conforme diz o adágio — é poder, poder político, a "relação psicológica entre aqueles que o exercem e aqueles sobre quem é exercido".[17] Ao aceitar esse adágio, é possível reconhecer a fonte das feridas aparentemente autoinflingidas que pontuam nossa retórica, a origem dos prelúdios decorados que antecedem nossas declarações: o domínio que o colonizador tem sobre nosso discurso.

Nossos inimigos empregam o que Mourid Barghouti chama de "um simples truque linguístico" para virar o mundo de ponta-cabeça: eles deixam de mencionar o que veio antes e começam sua história com "em segundo lugar".[18] "Comece a sua história com 'em segundo lugar'", Barghouti escreve, "e as flechas dos peles-vermelhas serão o crime original, e as armas dos brancos serão inteiramente as vítimas. Basta começar com 'em segundo lugar' para que a raiva do homem negro contra o branco seja bárbara", ao invés de justificada ou mesmo admirável.[19] O perigo desse jogo de linguagem supostamente sem importância revela-se em sua capacidade de obscurecer a realidade. No entanto, o mais importante é que a linguagem possui um potencial transformativo para elucidar, desmistificar, reparar, libertar e rivalizar; para se infiltrar na consciência e permear as ações coletivas; para "suportar o peso da civilização".[20] A linguagem, caso possamos dominá-la, pode transformar nossos sussurros anônimos em declarações estrondosas.

O fato de Ahmed ter decidido — ou ter se sentido pressionado a — declarar sua rejeição ao antissemitismo, dias depois de

---

17 Cf. Morgenthau, 2003, p. 51.

18 Cf. Barghouti, 2006, p. 202.

19 Ibid., p. 201.

20 Cf. Fanon, 2020, p. 31

as Forças de Ocupação Israelenses terem assassinado sua família em um bombardeio, diz muito sobre ele. Diz coisas que os outros deveriam discernir. Não me sinto impelido a investigar os motivos dele. Estou confiante de que são motivos puros, e não uma barganha calculada. Mais do que o indivíduo em si, precisamos compreender as pressões externas e internas exercidas sobre ele, o contexto global que demanda tal comportamento.

Como chegamos a permitir que o mundo nos exija hospitalidade mesmo quando passamos fome? O que faz com que uma renúncia à intolerância — intempestiva e fora de lugar — pareça parte crucial de um obituário? Será que refutar difamações é a única razão pela qual vagamos por esta terra? Falamos sobre o racismo que acompanha a palavra "palestino", particularmente nas suas manifestações na política e nos modos de agir, mas deveríamos pensar também no seu custo psíquico. Será que compreendemos o impacto que essas calúnias têm sobre a psique do palestino? Como o fato de passarmos a vida sob interrogatório influencia nosso olhar? Como guia nossas interações e relacionamentos? Será que, nos nossos esforços para renegarmos o legado do terrorista, acabamos criando colonos no nosso subconsciente?

O gesto de boa vontade de Ahmed pode ser elegante e generoso. Até mesmo sobre-humano, se levarmos tudo em conta. Mas não pode ser classificado como "humano", pois exigiria demais dele e de todos nós. Ou, para ser preciso, exigiria demais daqueles dentre nós que aspiram a "se tornar humanos". Assim, a condição complexa e multifacetada que é a humanidade — tal como existe na nossa consciência — é mutilada, tornando-se um adjetivo redutivo que transmite um estado de ser que é tão inatingivelmente angelical, tão irritantemente perfeito.

Esse mandato, de ser humano assim dessa maneira, impõe um fardo excessivo àqueles que choram a morte de entes queridos. Chorar uma perda já é terrível; fazê-lo sob o panóptico do escrutínio público é humilhante.[21] E não só isso, já que os palestinos têm também a tarefa de articular seu luto sob a literal vigilância do Estado colonial e de seus mercenários. De um modo muito parecido com aquele pelo qual o colono aprova leis que têm *como objetivo* criminalizar aquilo que ele vê como indesejável — sintomas transgressores do nosso luto —, seus mercenários estabelecem políticas institucionais para reprimi-los e puni-los. Basta olhar a academia, por exemplo. Uma oradora da turma de um curso sobre "resistência ao genocídio" foi proibida de fazer seu discurso de graduação por medo de que ela se referisse ao genocídio.[22] Um hospital demitiu uma enfermeira que havia sido homenageada dias antes com um "prêmio por seu trabalho 'excepcional' com mulheres deprimidas que haviam perdido filhos na gestação ou no parto" durante o atual genocídio.[23] Estudantes no mundo todo montaram acampamentos em protesto contra o genocídio, e gestores de universidades responderam de um modo que só pode ser descrito como draconiano. Lá vou eu, usando substantivos como adjetivos.

---

21 Para os palestinos, essa vigilância é tanto física (há um colono instalando mais um poste de luz no meu bairro e outro colono espreitando no software do meu telefone) quanto figurativa (as multidões diante das quais fomos treinados para atuar).

22 Cf. "Important update on 2024 commencement" (University of Southern California Office of the Provost, 2024).

23 Cf. "How a 'hostile' NYC hospital fired an award-winning Palestinian--American nurse" (Essa, 2024).

Num quarto de hotel em Berkeley, na Califórnia, contei a história de Ahmed para uma amiga. Ou melhor, contei para uma amiga aquela que eu achava ser a história de Ahmed. Na realidade, não se tratava nem mesmo de um capítulo dela, mas somente de uma cena, à qual dei minha própria interpretação. O que nos leva a transformar pessoas em alegorias? E qual alegoria forjarei a partir dessa conversa?

Acho que estava chovendo quando chegamos ao acampamento da UC Berkeley. Por acaso ambos estávamos no campus para um evento que havia sido planejado com meses de antecedência e que acabamos abreviando antes de acompanhar os participantes ao acampamento. Me pediram para falar aos estudantes que participavam do protesto na esperança de que eu pudesse elevar o moral. Eu disse a eles, sem grande eloquência, que eles seriam caluniados e difamados, a despeito do que fizessem, e que eu esperava que a "vitória" viesse de uma universidade pública e não de uma universidade integrante da Ivy League. Essas últimas, argumentei, recebiam uma cobertura desproporcional da mídia. Alguém havia me explicado que pessoas em situação de rua vinham dormindo nas barracas dos estudantes depois que o acampamento deles havia sido esvaziado e destruído pelo município e por sua força policial. Pensei que esse detalhe precisava ser editorializado — para atrair a atenção da mídia, é claro. Os acampamentos dentro dos campi eram "o paraíso na Terra", como um estudante do acampamento da Universidade Columbia havia me dito. Utopias em que os famintos comem e os desabrigados ganham um teto, microcosmos de uma futura Palestina em que "judeus, muçulmanos e cristãos oram sem ser interrompidos".

No quarto do hotel, à medida que eu contava a "história de Ahmed" para a minha amiga, mencionei seu repúdio voluntário ao antissemitismo e a conversa que se seguiu no pub, uma conversa que me assombrou por meses. O que me incomodava era não só que exigissem de nós uma disposição extraordinariamente dócil diante da brutalidade colonial, mas que o desprezo de Ahmed o tivesse desqualificado como vítima. Também o estranho fato de que o ódio que supostamente temos à espreita dentro do nosso coração seja alvo de maior preocupação do que o arsenal nuclear dos nossos colonizadores. Na visão da minha amiga, porém, Ahmed não estava cedendo às exigências coloniais; ao invés disso, estava simplesmente se comportando como os palestinos se comportam. A abordagem virtuosa de Ahmed personificaria a cultura palestina, que por sua vez é um exemplo da natureza geral do nativo. Nós simplesmente temos um "sistema de valores diferente" daquele do colonizador, ela me disse, temos um caráter diferente. Eu disse que era a poeta dentro dela quem falava.

Ela me lembrou que as nações indígenas do que hoje conhecemos como Estados Unidos davam alimentos aos colonos recém-chegados, e os colonos, em compensação, ofereciam a elas varíola e genocídio. Essas ações seriam indicativas, respectivamente, de traços inatos do colono e do nativo, ou pelo menos esse era o argumento. "A natureza intrínseca de não ter recebido educação em casa", como ela chamou. Yosef Weitz me veio à mente, e todas as formas que faziam ele se parecer com Cristóvão Colombo. "Em suma, há uma abordagem diferente em relação ao mundo e ao modo de ver o mundo que nos permite agir de outro modo. Nossas falhas são diferentes", ela disse. "Nossas falhas não nos levaram à posição de transformar em doutrina e sistematizar as nossas piores partes para subjugar outros povos." Nós somos simplesmente seres cognitivamente diferentes. Ou, nas palavras de Aimé Césaire: "Uma nação que coloniza... já é uma civilização doente". Talvez, então, isso não seja poesia. Talvez as ações de Ahmed sejam uma prova da profecia de Césaire de que "toda negação de justiça... toda expedição punitiva" nos leva para mais perto do "valor de nossas velhas sociedades". Sociedades que são "comunais... anticapitalistas [e] democráticas".[24]

Porém, caso seja verdade que o nativo é "fraternal" e que o colono é "moralmente doente", o que diremos daqueles dentre nós que são ladrões e traiçoeiros, avaros ou rancorosos? Eles não merecem a liberdade? E o que dizer dos assassinos e dos estupradores nas nossas cidades? Dos gananciosos e dos corruptos? Serão seus crimes produto da mera circunstância — pobreza, colonialismo, racismo? Sem tais circunstâncias as nossas sociedades seriam utópicas? Ou há certas violências que são intrínsecas à natureza humana? De que modo essa narrativa me descreve? Como ela explica a raiva que sinto dos colonos que moram na minha casa? Serão meus sentimentos tão aberrantemente anormais a ponto de abandonar a suposta autoridade moral do nativo e imitar os modos vingativos e odiosos do colonizador?

Não vou questionar o fato de que o colonialismo saqueou e manteve o mundo subdesenvolvido. Nem o fato de que

---

24 Cf. Césaire, 2020, p. 9.

o imperialismo incapacitou nossas sociedades. E, embora seja tentador, não vou perguntar se nós, como "civilizações não europeias", temos incorporado de modo consistente essas nobres características. A história, assim como a identidade, é inconstante. Em vez disso, o que vou perguntar é o seguinte: por que os valores das nossas sociedades, no passado e no presente, importam nesses debates?

Caso estejamos avaliando um determinado projeto ideológico — digamos, o capitalismo, o sionismo e assim por diante —, por que não o julgar com base na forma como se manifesta materialmente, em vez de julgá-lo com base nos atributos percebidos de seus sujeitos? O sionismo é mais bem definido por suas manifestações materiais — o sionismo é o que o sionismo faz. Quando a manifestação mais recente do sionismo é o genocídio, que diferença faz se os acampamentos em protesto contra esse genocídio sejam utopias de coexistência? Que diferença faz o modo como os enlutados manifestam seu luto? Rotular os nativos como "respeitáveis" é uma prioridade equivocada, pois redireciona o escrutínio crítico do colonizador para o colonizado, e com isso negligencia a injustiça inata do projeto colonial. Esse foco deslocado insinua que o oprimido precisa conquistar aquilo a que já tem direito: liberdade, dignidade e direitos fundamentais. Caso contrário, se o nativo não for "respeitável", a escravidão e a sujeição seriam necessariamente aplicáveis, ao invés de moralmente repreensíveis. Nada revela mais sobre a psique do colonizador do que essas expectativas arrogantes.

Consideremos novamente a violência infligida a Ahmed, a tristeza insuperável e sufocante que se sente após uma perda de proporções tão devastadoras: vinte e um parentes mortos de uma só vez. O que acontece com você quando as palavras já não bastam, quando a "tristeza" perde sua força e quando a "asfixia" perde seu poder? O que acontece com os 2,3 milhões de palestinos em Gaza, cujas agendas são marcadas por bombardeios rotineiros? Quais são as consequências mentais e musculares de se ser forçado a transformar um táxi em rabecão? O que acontece com a enfermeira cujo turno é interrompido pela chegada do cadáver do marido numa maca? E o pai vagando com o que resta do filho em dois sacos plásticos? O que acontece com ele depois de toda essa morte, quando está sozinho e longe das câmeras? Que tipo de homem o menino carregando os membros do irmão numa sacola vai se tornar quando crescer? Importa se ele emerge como Abdul Hadi ou como Abu Obaida? Isso torna o sionismo menos indefensável?

Por isso, pergunto novamente: e se nossas vítimas perfeitas, de fato, desprezam aqueles que matam suas famílias? E então, o que acontece? Deixe-me formular uma versão mais exagerada e extrema dessa pergunta: e se, depois que um soldado com a Estrela de Davi — representante do autoproclamado "Estado judeu" — matar um dos seus entes queridos a sangue-frio, você passar a odiar os judeus, todos os judeus, independentemente de quem sejam, de maneira obsessiva, irracional? O que acontece? O rancor mina seu status de vítima? Ele reescreve a história, absolvendo o soldado dos pecados? Ele justifica o crime?

Dezessete anos após Abdul Hadi dar café da manhã para os Seals,[25] Taha Muhammad Ali voltou a ele em um novo poema intitulado "Abdul Hadi, o Louco". O protagonista, um personagem fictício inspirado em certos homens do vilarejo despovoado do poeta, Saffuriyya, "e no gordo infeliz do cinema, Oliver Hardy",[26] agora falava por si mesmo, não sendo mais representado por um advogado que pleiteava perante um júri. "Eu era ingênuo", confessa Abdul Hadi. "Amava cavalos e poesia/ Sonhava com uma refeição/ que durasse para sempre... Eu era um tolo". Mas no auge da Primeira Intifada, "depois que as nascentes foram enterradas vivas,/ depois da destruição dos cursos d'água", ele voltou à página militante, politizado e "tomado por um ódio aguçado".[27]

> Quero incendiar o mundo!
> Quero apunhalá-lo
> na barriga.
> Quero desmembrar o mundo
> depois de afogá-lo.[28]

Na tradução publicada [em inglês] deste poema, a estrofe acima está no passado. Optei por alterar os tempos

---

25 Força de operações especiais de elite da Marinha dos Estados Unidos. (N. da E.)

26 Cf. Hoffman, 2009, p. 308.

27 Cf. Ali, 2006.

28 أتمنّى حرق العالم
أتمنّى طعنه / في بطنه
أتمنّى تفكيك الكون / بعد إغراق.

verbais para que reflitam com mais precisão o poema árabe original. Em inglês, o desejo de Abdul Hadi de incendiar o mundo é apresentado como se já tivesse desaparecido há muito tempo, como um artefato de outra época. Talvez tenha sido uma escolha estilística ou sonora, ou talvez tenha sido concebida para dissipar qualquer tensão que o leitor anglófono pudesse sentir ao ler sobre as fantasias violentas de um homem árabe. Mas esse não é um poema de arrependimento, com Abdul Hadi refletindo sobre o seu ódio passado, agora resolvido. Em vez disso, o poeta oferece ao seu protagonista uma arena para lidar com a multiplicidade dos seus sentimentos e sua natureza contraditória.

As respostas individuais dos palestinos às catástrofes fabricadas pelo homem e infligidas a eles são apenas indicativas da disposição dos palestinos como indivíduos, sejam elas as nossas reações à expulsão forçada das nossas aldeias e cidades ou as nossas reações ao bombardeio aéreo contra as nossas famílias. Essas reações não modificam quem carrega a culpa, nem implicam um padrão a ser obedecido. Chamar certa reação à injustiça de "humana" é implicar que outras são desumanas, subumanas, brutais. Ninguém tem o direito de fazer essa distinção. Não existe uma forma única de lidar com o luto diante do assassinato de entes queridos. Às vezes, o luto é sereno, outras vezes é vingativo. Às vezes, é contido, outras vezes é explosivo. Às vezes, a pessoa enlutada apenas sonha com a vingança e, outras vezes, a persegue. Eu poderia argumentar que a provável resposta ao genocídio é a raiva e o ódio, sejam racionais ou irracionais, mas o luto é muito mais complexo e contraditório do que essa posição. Abdul Hadi continua:

Mas... minha maior apostasia
é que assim que ouço o riso de uma criança
ou me deparo com um riacho que chora,
assim que vejo uma flor murchando
ou noto uma mulher bonita,
fico atordoado
e tudo me abandona,
e nada de mim resta
exceto
Abdul Hadi, o tolo![29]

E há muitos Abdul Hadis, por toda parte, que conseguem perdoar ou esquecer — ou pelo menos se distrair momentaneamente —, que abraçam "os justos e os ímpios igualmente" e saúdam "a vítima e o carrasco como se fossem um só".[30] Mas também há, em todos os lugares, até mesmo dentro do próprio Abdul Hadi, quem queira desmembrar o mundo e incendiá-lo.

Eles veem os ladrões batendo seus martelos de juízes e os mentirosos se gabando de seus diplomas de jornalismo. Sabem que suas carteiras são roubadas para pagar as facas do açougueiro. E eles viram essas facas em ação, esfa-

---

29 لكنْ / ردّتي الكبرى / أنّني
ما إن تبلغني / ضحكة طفلٍ
أو أصادف / جدولًا ينتحبُ
ما إن أُشاهد / زهرةً ذابلةً
أو أري إمرأةٍ جميلةً —
حتى أُصُقْعْ / يغادرني / كل شيءٍ
ولا يبقى منّي / سوى/ عبد الهادي الأهبلْ!

30 Ibid.

queando seus irmãos, cortando sua carne. Há pessoas que desprezam o mundo que saúda uma enfermeira com o cadáver do marido numa maca, o mundo que obriga um menino a carregar os membros do irmão numa sacola. Eu sou uma dessas pessoas. E sou grato pelo meu desprezo, pois é dignificante; me faz lembrar que sou humano.

5 Tropos e drones[1]

Sobre minas terrestres discursivas

Em suma, ninguém deseja ouvir
de um judeu americano que o sofrimento dele
é tão grande quanto o do negro americano.
Não é, e dá para saber que não é
pelo tom em que ele garante a você que é.
James Baldwin[2]

Durante a nossa infância na Jerusalém ocupada, as pessoas que tentavam nos expulsar do bairro eram judias, e as organizações a que elas pertenciam muitas vezes carregavam no nome a palavra "judaico".[3] O mesmo valia para as pessoas

---

1 Uma parte deste capítulo foi previamente publicada em um ensaio intitulado "Jewish settlers stole my home, it's not my fault they're Jewish" (El-Kurd, 2023f).

2 Cf. "Negroes are anti-semitic because they're anti-white" (Baldwin, 1967). O parágrafo de abertura deste capítulo foi inspirado nesse texto.

3 Essas organizações incluem a Jewish Agency for Israel, o World Jewish Congress (e seus representantes locais, os *Jewish Congresses*), o Center for Jewish–Christian Understanding and Cooperation, e o

que roubaram a nossa casa, espalharam os nossos móveis na rua e queimaram o berço da minha irmãzinha. Os juízes que batiam o martelo a favor da nossa expulsão também eram judeus, assim como os legisladores cujas leis sistematizaram a nossa desapropriação. Às vezes, à tarde, quando voltava da escola, eu encontrava ônibus lotados de turistas judeus no nosso jardim, apontando para nós como animais num leilão, cuspindo palavrões americanos na nossa cara. Em certas manhãs, colonos de aparência jovial se arrastavam pelo nosso jardim, de quipá e tefilin. Outros eram mais velhos e seculares: usavam calças cáqui e sandálias e não rezavam muito. A cada dois meses, eles batiam à nossa porta e sorriam ironicamente enquanto entregavam ordens de expulsão e intimações judiciais à minha avó.

O burocrata que emitia e revogava nossos documentos de identidade azuis era judeu, e eu o desprezava especialmente pelo fato de que um único traço da sua caneta se interpunha entre o meu pai e a cidade do tataravô do meu pai. Quanto aos soldados que nos revistavam para verificar aqueles documentos, alguns eram drusos, outros, muçulmanos, a maioria judeus, e todos, segundo minha avó, eram "uns desgraçados sem Deus". Aqueles que eram responsáveis pelos rifles e pelas algemas, que redigiam os meticulosos e criminosos documentos de planejamento urbano, eram — você adivinhou.

Jewish Power Party. De longe, a organização paraestatal sionista mais importante no que diz respeito ao território palestino (e seu confisco) é o Fundo Nacional Judaico. Para saber mais sobre o FNJ, cf. os ensaios organizados e publicados por Jamjoum (2010).

Não era segredo. Crescemos sob o domínio do autoproclamado "Estado judeu". Os políticos israelenses usaram essa frase à exaustão, e seus pares internacionais aquiesceram, borrando, invisibilizando, apagando a linha entre sinagoga e Estado. Esta era a única pátria dos judeus, seu pequeno refúgio numa região hostil. O exército declarou ser um exército judeu e marchou sob aquela que diziam ser uma bandeira judaica. Membros do Conselho Municipal de Jerusalém se gabavam de "conquistar casa após casa" na nossa rua.[4] Eles paravam à nossa porta e diziam: "Vocês estão contrariando a Bíblia... Deus diz que esta área pertence ao povo judeu".[5] Membros do Knesset cantavam canções semelhantes de supremacia judaica. E esses legisladores não eram uma exceção, nem integrantes da extrema direita: a Lei do Estado-Nação de Israel consagra explicitamente o "assentamento judaico" como um "valor nacional... a ser incentivado e promovido".[6] Quando a lei foi contestada, sua legalidade foi confirmada pela Suprema Corte de Israel, que decidiu que ela não nega o "caráter democrático" do Estado dos colonos.[7]

---

4 Cf. o filme *My Neighbourhood*, dirigido e produzido por Julia Bacha e Rebekah Wingert-Jabi, 2012.

5 Cf. El-Kurd (@m7mdkurd), Twitter, 3 de novembro de 2021, 12h44.

6 Cf. Cláusula 7, "Basic Law: Israel – The Nation State of the Jewish People" (ADALAH, 2018).

7 As impressões digitais da Suprema Corte de Israel estão em todos os empreendimentos coloniais e no regime de apartheid do governo israelense, não apenas na Lei do Estado-Nação, de 2018. A Suprema Corte apoiou repetidas vezes a legalidade da "lei de reunificação familiar", que priva milhares de casais palestinos com diferentes status legais do

Embora o caráter judaico da colônia não fosse segredo, ainda assim éramos instruídos a tratá-lo como tal, ora por nossos pais, ora por ativistas bem-intencionados solidários à causa. Fomos instruídos a ignorar a Estrela de Davi na bandeira israelense e a distinguir judeus de sionistas com precisão cirúrgica. Não importava que suas botas estivessem no nosso pescoço e que suas balas e cassetetes nos machucassem. Nossa condição de apátridas e de desabrigados era trivial; o que importava era como *falávamos* a respeito dos nossos guardiões, não as condições em que eles nos mantinham – assaltados, bloqueados, cercados por colônias

---

"direito básico de estarem juntos como uma família" (Al Tahhan, 2022a). Em 2006, a Suprema Corte rejeitou duas contestações apresentadas ao trajeto do muro de separação e anexação israelense, permitindo a construção da barreira em terras de propriedade palestina na Jerusalém ocupada, incluindo um cemitério. Em toda a sua história, a Suprema Corte nunca deferiu uma petição para cancelar uma ordem de detenção administrativa. Em vez disso, serviu como carimbo para a política draconiana do exército israelense de detenção por tempo indeterminado sem julgamento. Além disso, em 2018, decidiu que as diretrizes da Agência de Segurança de Israel para o uso de meios "especiais" e "físicos" de interrogatório (ou seja, tortura) são legítimas em circunstâncias do tipo "bomba-relógio". Durante a repressão brutal à Grande Marcha do Retorno, em Gaza, entre 2018 e 2019, o tribunal decidiu que o uso de força letal pelas Forças de Ocupação Israelenses contra manifestantes palestinos foi "em legítima defesa" (Erakat, 2019). A Suprema Corte também confirmou repetidas vezes a política israelense de longa data de reter os cadáveres de palestinos e usá-los como "moeda de troca", e autorizou as restrições do exército a funerais palestinos, desempenhando um papel fundamental na institucionalização das práticas de necroviolência do regime sionista (El-Kurd, 2023c).

e postos militares —, ou mesmo o fato de que nos mantinham presos para começo de conversa.

A linguagem era um campo mais minado do que a fronteira que separava as Colinas de Golã, ocupadas por Israel, do resto da Síria; e, de nós, crianças na época, esperava-se que pulássemos em torno das minas e não pisássemos por acidente em um tropo explosivo, uma figura de linguagem que nos fizesse cair em descrédito. O uso das palavras erradas tem a capacidade mágica de fazer com que objetos desapareçam; as botas, as balas, os cassetetes e os hematomas ficam todos invisíveis caso você diga as palavras erradas, de brincadeira ou de raiva. E ainda mais perigoso: acreditar nas palavras erradas tornava você merecedor dessa brutalidade. A cidadania, a autodeterminação, e o direito de ir e vir não eram os únicos privilégios roubados de nós; a simples ignorância era também um luxo.

Desde pequenos, compreendemos que, como palestinos, a violência semântica que supostamente praticamos com as nossas palavras faz parecer pequenas as décadas de violência sistêmica e material imposta a nós pelo autoproclamado "Estado judeu". Uma coisa é um drone, outra, bem diferente, é um tropo – um tropo é *inaceitável*. Aprendemos a interiorizar a mordaça.[8]

Sendo assim, dei ouvidos ao que me diziam – que mais poderia fazer um menino de dez anos? – e estudei Hitler e o Holocausto, e dominei todos os estereótipos: os narizes, os poços envenenados, os banqueiros, os vampiros, as cobras e os lagartos (só mais tarde vim a saber sobre o polvo).[9] Também aprendi a pontuar minha fala com desaprovações e repúdios ao falar com diplomatas em visita ao nosso bairro-zoológico. Os colonos ocupando a nossa casa deviam ser um tópico secundário na minha apresentação, vindo depois de uma efusiva denúncia do antissemitismo global. E quando minha octogenária avó se dirigia a esses visitantes estrangeiros, eu a "corrigia" no meio de uma frase sempre que ela descrevia os colonos judeus na nossa casa como, bem, judeus.

Mais de uma década depois, pouca coisa mudou. Os ônibus cheios de judeus americanos seguem peregrinando pelo nosso humilde lar. Meus encontros com a polícia seguem sendo hebraicos e desagradáveis na mesma medida. As botas

---

8 Parafraseando a citação de Saidiya V. Hartman, na qual me inspiro: "O chicote não seria abandonado; ao invés disso, seria interiorizado" (Hartman, 1997, p. 140).

9 Esse tropo remonta a um desenho animado da era nazista que retratava os judeus como um polvo com tentáculos enrolados ao redor do globo para simbolizar o estereótipo duradouro da dominação mundial judaica.

continuam lá, assim como as balas e os cassetetes. E eu estaria sendo negligente se não mencionasse a genialidade inovadora das armas robóticas movidas a inteligência artificial acrescentadas nos últimos anos ao arsenal do "Estado judeu".[10] O governo chama seu projeto de décadas para expulsar os palestinos da Galileia de "judaização da Galileia", e suas quase-instituições fazem o mesmo. Quanto aos membros do conselho que prometeram e tantas vezes foram bem-sucedidos em tomar "casa após casa" em Cheikh Jarrah, Silwan e na Cidade Velha, é comum vê-los marchando pelas nossas cidades com megafones e bandeiras, entoando: "Queremos a Nakba agora".

Os juízes seguem batendo o martelo para garantir a continuidade desta Nakba, seguem decidindo a favor da supremacia judaica. E, apesar de discordarem da Suprema Corte em várias questões, os parlamentares legislam de acordo com essa postura supremacista. Alguns afirmam abertamente que a vida judaica é simplesmente mais importante que a nossa liberdade. Por vezes, até chegam a ser suficientemente gentis para se desculparem com apresentadores da TV árabe enquanto pronunciam essas duras verdades.[11] Mais de uma década depois, o status quo permanece igual. E nós — como meu coração se despedaça por nós —, nós continuamos a dançar entre as minas terrestres. Continuamos apostando na moralidade e na humanidade enquanto eles apostam nas suas armas.

---

10 Cf. "Israel deploys remote-controlled robotic guns in West Bank" (McNeil, 2022); "How Israel commodifies mass killing throught its 'Palestine laboratory'" (Loewenstein, 2023).

11 Cf. "Itamar Ben-Gvir and his fascist ilk inadvertently advance the apartheid discourse" (Ofir, 2023).

Em agosto de 2023, dezesseis policiais israelenses desligaram suas câmeras corporais e marcaram, literalmente *gravaram*, a Estrela de Davi na face de Orwa Cheikh Ali, um rapaz de vinte e dois anos que eles prenderam no campo de refugiados de Chu'fat, na Jerusalém ocupada.[12] Duas semanas depois disso, o Memri, um observatório de mídia cofundado por um ex-oficial da inteligência israelense, divulgou filmagens anteriores de Mahmoud Abbas, presidente da Autoridade Palestina (AP), afirmando que os europeus "combatiam [os judeus] por causa de seu papel social" e da "usura" e "não por causa de sua religião".[13] Quando não está no papel de assassino e colaborador, o sr. Presidente é um pseudointelectual. Como resposta, um grupo de renomados acadêmicos palestinos, muitos dos quais eu admiro e respeito, publicou uma carta aberta "condenando inequivocamente" — adivinhe o quê — "os comentários moral e politicamente repreensíveis" de Abbas.[14]

Há quem possa considerar essa afirmação conjunta como um movimento estratégico para negar a crença de que os palestinos nascem intolerantes. Outros dirão que ela ilustra o que é ter um código moral consistente. Estou certo de que alguns signatários acreditam que nossa suposta autoridade moral nos obriga a deplorar o revisionismo histórico em relação ao Holocausto, e que devemos liderar pelo exemplo,

---

12 Cf. "Israel police brands Palestinian prisoner's face with Star of David" (Middle East Monitor, 2023a).

13 Cf. Discurso na décima primeira sessão do Conselho Revolucionário do Fatah (Abbas, 2023).

14 Cf. *Palestinian Open Letter*, 2023.

rejeitando toda forma de racismo (independentemente de seu grau de retórica) e assim por diante. Afinal, os palestinos, especialmente na diáspora, passaram décadas batalhando para criar espaços onde possam ser antissionistas e manter alianças com judeus progressistas nos Estados Unidos e na Europa, que teriam se sentido insultados e alarmados com os comentários de Abbas.

Seja qual for o raciocínio, quando li a carta, tive uma sensação de déjà-vu. Eis-nos aqui, mais uma vez, em meio a uma crise discursiva, negando freneticamente nossa culpabilidade por crimes que não cometemos.[15] Senti uma tristeza tomar conta de mim quando reconheci, uma vez mais, que esses são os termos de diálogo com o Ocidente, que isso é o que se exige para uma campanha coordenada. Enquanto os signatários da carta (alguns dos quais criticam a Autoridade Palestina desde seu surgimento) lamentaram a "administração cada vez mais autoritária e draconiana", e embora fizessem notar o apoio dado por "forças ocidentais e pró-Israel" ao mandato já expirado de Abbas, nenhum desses elementos serviu como catalisador para o que pareceu ser a primeira declaração conjunta condenando Mahmoud Abbas.[16] A carta não tinha como título

---

15 Um dos problemas é que a carta estabelece inadvertidamente Mahmoud Abbas – um ditador que muitos dos signatários vêm criticando desde antes de eu nascer – como representante do povo palestino. Se concordamos que a Autoridade Palestina é um subcontratado dos colonos israelenses, por que somos obrigados a repudiar publicamente as declarações feitas por seus membros?

16 Quero deixar claro que não pretendo de forma alguma desmerecer as contribuições de ninguém para a nossa luta, mesmo que discorde de

a colaboração dele com o regime sionista, nem o tratamento brutal dado por ele aos manifestantes e prisioneiros políticos, muito menos o assassinato de Nizar Banat[17] — crimes muito mais lamentáveis do que o revisionismo histórico. O catalisador aqui eram palavras. Meras palavras. E é sempre assim. Mais uma vez: um drone é uma coisa, mas tropo já é demais.

A estratégia de defender a nós mesmos — muitas vezes de modo preventivo — contra acusações infundadas de antissemitismo nos aproximou historicamente do antissemitismo. E, mais do que isso, esse nosso impulso eleva inadvertidamente a história do sofrimento judeu — que certamente é estudado, se não honrado — acima do nosso sofrimento atual, um sofrimento que é negado e contestado, apesar de incessantemente televisionado.[18]

---

suas táticas. No entanto acho irônico que, quando aqueles entre nós mais favorecidos socialmente e com respaldo institucional criticam as táticas improvisadas empregadas pelas classes oprimidas, eles raramente sejam acusados de "fragmentar o movimento" ou de "lavar a roupa suja em público". A ideia de que a crítica "divide" é redutora e intelectualmente preguiçosa. Conversas honestas e espontâneas são cruciais para a construção de movimentos resilientes.

17 Nizar Banat (1978–2021) foi um dissidente político palestino nascido em Durra, na Cisjordânia ocupada. Era um famoso ativista, crítico ferrenho da Autoridade Palestina e membro da Lista Liberdade e Dignidade, formada para contestar o cancelamento das eleições de 2021 para o Conselho Legislativo Palestino pelo líder da AP, Mahmoud Abbas. Em 24 de junho de 2021, Banat foi preso e espancado até a morte pelas forças de segurança da AP.

18 Ironicamente, tanto a carta conjunta quanto o discurso de Abbas buscavam distanciar-se do antissemitismo. No início do vídeo, Abbas

E que fardo esse impulso! Não apenas vivemos com medo da morte e de sermos deslocados pelas mãos de um colonialismo que *se* diz judeu; não apenas nosso povo é bombardeado por um exército que marcha sob uma bandeira que *ele* diz ser judaica; e não apenas os políticos israelenses proclamam exageradamente o caráter judaico de suas operações; também somos instruídos a desconsiderar a Estrela de Davi que tremula na sua bandeira, a Estrela de Davi que eles marcam na nossa pele.

Mas essa é uma história tão antiga quanto "o conflito" em si. E assim, gerações de palestinos têm trabalhado para desfazer a confusão entre sionismo e judaísmo. Em sua transcrição manuscrita de um discurso que fez no Cairo em outubro de 1948, o educador palestino Khalil Sakakini riscou um fragmento de frase que dizia "a luta entre árabes e judeus", substituindo por "a luta entre nós e os invasores". Acadêmicos palestinos, o Instituto para Estudos da Palestina, e o Centro de Pesquisa da Palestina da Organização para a Libertação da Palestina (OLP) — que o regime israelense saqueou e bombardeou repetidamente na década de 1980 — dedicaram artigos, livros e volumes ao estudo do antissemitismo — suas raízes europeias e suas manifestações, europeias ou não — e sua coalescência com o antissionismo.

O povo palestino deixou consistentemente claro que o nosso inimigo é o sionismo, uma ideologia de desapropria-

---

quis "esclarecer" que disse o que disse sobre "judeus europeus... não terem nada a ver com o semitismo" porque deveríamos "saber quem devemos acusar de ser nosso inimigo".

ção, um empreendimento colonial expansionista e racista. O sionismo, não os judeus. Nossa capacidade de fazer tal distinção é admirável e impressionante, se levarmos em conta o quão violenta é a tentativa do sionismo de se tornar sinônimo de judaísmo. No entanto, essa distinção não é responsabilidade nossa, e, pessoalmente, não é minha prioridade. O suposto ressentimento de um palestino não tem o apoio de um Knesset para codificá-lo em lei. Tropos não são drones, e não se pode converter teorias da conspiração em armas nucleares. O início do século XX ficou para trás. As coisas são diferentes, o poder mudou de mãos. Palavras não são assassinato.

Dias após dezesseis policiais marcarem o rosto de um homem com a Estrela de Davi,[19] mas antes da divulgação da carta conjunta da *intelligentsia*, um soldado israelense matou Islam Nofel, um rapaz com deficiência, perto de um posto de controle militar em Qalqilya;[20] outro soldado atirou na cabeça de uma criança, Abd Amer Al Zaghal, de quinze anos, em Silwan;[21] um rapaz chamado Muhammad Abu Asab, que tinha sido baleado por soldados numa investida contra o campo de refugiados de Balata, morreu devido aos ferimentos;[22] um atirador atingiu Amid Al-Jaghub na cabeça, em Beita;[23] Othman Abu Khoruj, de dezessete anos, foi baleado e morto no sul de Jenin;[24] mais um jovem, Ata Yasser Ata Musa, sucumbiu aos ferimentos depois de uma invasão ao campo de refugiados de Jenin;[25] famílias de palestinos cujos corpos são retidos pelas autoridades da Ocupação marcharam com caixões abertos em Nablus;[26] um soldado assassinou um garoto

---

19 Cf. "Israeli police arrest and brand Palestinian with 'Star of David': Report" (Al Jazeera, 2023a).

20 Cf. *Protection of Civilians Report*, 2023a.

21 Cf. "Two Palestinians, one minor, shot and seriously injured by Israeli Occupation Forces overnight in East Jerusalem" (Palestine News and Information Agency, 2023).

22 Cf. "Palestinian teen shot by Israeli soldiers near Joseph's Tomb dies of injuries" (*The New Arab*, 2023a).

23 Cf. "Israel's war on Gaza: List of key events, day 169" (Al Jazeera, 2024a).

24 Cf. "Palestinian teen killed in Israeli raid in northern occupied West Bank" (Al Jazeera, 2023b).

25 Cf. International Middle East Media Center, 2023.

26 Cf. "Symbolic funeral held in Nablus as Israel withholds bodies of slain Palestinians" (Middle East Monitor, 2023b).

perto de Hebron;[27] a polícia executou Khaled Samir Fadel al--Zaanin, de catorze anos, em Cheikh Jarrah, sendo aplaudida por centenas de colonos israelenses;[28] depois, a polícia lançou gás lacrimogêneo contra a família dele em Beit Hanina;[29] um homem foi assassinado depois de atacar soldados em Beit Sira, matando um deles;[30] no norte de Jericó, um adolescente foi morto e um soldado foi ferido num tiroteio;[31] um soldado baleou Abdul Rahim Fayez Ghannam na cabeça em Tubas, matando-o.[32] Isso é só a pontinha do iceberg.

Quais desses assassinatos levaram a um debate aprofundado nos círculos palestinos na diáspora? Nenhum. Houve clamor quando Itamar Ben-Gvir[33] sugeriu na TV que a vida

---

27 Cf. *Protection of Civilians Report*, 2023b.

28 Cf. "Israelis cheer after Palestinian boy is executed in Jerusalem" (Murphy, 2023).

29 Cf. "Israeli forces kill, withhold body of 14-year-old Palestinian boy in Jerusalem" (Defense for Children International – Palestine, 2023b).

30 Cf. "Israeli soldier killed in car ramming attack by Palestinian" (Al Jazeera, 2023c).

31 Cf. "Palestine in pictures: September 2023" (*Electronic Intifada*, 2023).

32 Cf. "Israeli forces kill palestinian in West Bank raid" (Middle East Eye, 2023).

33 O currículo de Ben-Gvir parece quase uma caricatura dele próprio. Advogado de dois dos colonos que participaram do atentado com uma bomba incendiária contra uma família palestina em 2015, que matou todos os membros, exceto um deles, ele representou um "Quem é Quem" de suspeitos em casos de terrorismo judaico e crimes de ódio. Ele ajudou repetidas vezes a organizar a "marcha da bandeira", notoriamente racista, durante a qual milhares de colonos israelenses marcham pela Cidade Velha de Jerusalém — alguns gritando "Morte aos árabes" —, celebrando a ocupação de 1967. Ele apontou sua arma

dos judeus é mais importante do que a liberdade dos palestinos,[34] houve um clamor menor a respeito da marcação com a Estrela de Davi, e, é claro, a reação mais clamorosa quem recebeu foi Mahmoud Abbas.

Esses exemplos lidam com estética. Óptica. As declarações de Ben-Gvir eram factuais e verdadeiras: a vida dos judeus de fato vale mais do que a nossa vida sob domínio israelense. Mas foi sua explicitação verbal, e não as políticas institucionalizadas, que tornaram suas observações racistas uma realidade tangível, o que desencadeou o ultraje. Até mesmo a deformação física do rosto de um palestino só foi digna de nota por aquilo que o desenho *simbolizava*, e não pelo fato em si de algo ter sido gravado no rosto de um ser humano. Se os soldados tivessem feito cortes formando li-

---

para dois funcionários palestinos de um estacionamento. Exigiu a expulsão de "árabes desleais" para outros países árabes durante sua campanha eleitoral – muito bem-sucedida. Ele também tem o hábito de tentar invadir quartos de hospital de prisioneiros palestinos em greve de fome. Até 2020, mantinha orgulhosamente pendurada em sua sala de estar um retrato de Baruch Goldstein, o americano que se tornou colono e assassino em massa ao massacrar vinte e nove palestinos enquanto rezavam na Mesquita de Ibrahim, em Hebron, em 1994. Mas o mais importante: Ben-Gvir é um colono em Hebron.

34 Ben-Gvir disse: "O direito que eu, minha esposa e meus filhos temos de viajar pela Cisjordânia é mais importante do que o dos árabes". Em seguida, ele disse aos repórteres: "É simples: o direito à vida supera o direito à livre circulação". Em seguida, tuitou: "Ontem, eu disse em um programa de TV que o direito dos judeus de viver e não serem assassinados em ataques prevalece sobre o direito dos árabes [na Cisjordânia] de viajar pelas estradas sem restrições de segurança".

nhas inconspícuas em seu rosto, o fato não teria chamado a menor atenção, e digo isso com confiança, pois essa violência é tão comum quanto a sua cobertura é esparsa. Quanto à morte de palestinos, ela é cotidiana e insignificante. Se tivermos sorte, nossos mártires são acrescentados à conta feita nas páginas de relatórios anuais. O chamado revisionismo, por outro lado, garante uma cacofonia condenatória universal.

Eis a minha posição. Há um judeu que vive, pela força, em metade da minha casa em Jerusalém, e ele o faz por "decreto divino", em nome do povo judeu. Muitos outros residem, pela força, na terra palestina e em casas palestinas, enquanto os verdadeiros donos definham em campos de refugiados. Não é culpa minha que eles sejam judeus. Tenho zero interesse em pedir desculpas por tropos centenários criados por europeus, quando milhões de nós se confrontam com uma opressão real e tangível, vivendo atrás de paredes de cimento, ou sob cerco, ou no exílio, e convivendo com desgraças grandes demais para serem resumidas. Estou cansado do impulso de me distanciar preventivamente de algo de que não sou culpado, e estou particularmente cansado do fardo constante de ter que provar que não sou inerentemente intolerante. Estou cansado da alegação escandalizada de que, caso essa animosidade existisse, sua existência seria inexplicável e sem raízes, estou cansado de acadêmicos e intelectuais atacando aqueles dentre nós que não têm filtro. Acima de tudo, estou cansado da falsa equivalência entre "violência" semântica e violência sistêmica: apenas um dos lados neste "conflito" está engajado ativamente na tentativa intencional e sistemática de erradicar toda uma população.

Sei que este capítulo é em si um campo minado. Ele vai ser tirado de contexto, disseminado e desfigurado, mas eu não serei jamais uma vítima perfeita. Não há como escapar de ser acusado de antissemitismo. É uma batalha perdida e, mais importante, uma evidente manobra de distração. E é hora de reavaliar essa tática. Há coisas melhores a fazer: temos caixões para carregar; temos parentes em câmaras mortuárias israelenses que precisamos enterrar.

6 *Mein Kampf* no quarto de brinquedos

Sobre propaganda

A melhor resposta para um tolo é o silêncio.
Al-Chafi

O presidente de Israel estava sentado diante de uma menorá ao mostrar para a BBC "algo exclusivo" que sua infantaria havia encontrado "numa sala das crianças" no norte de Gaza: um exemplar de *Mein Kampf*.[1] E em árabe, além de tudo. Era prova da "verdadeira guerra" que Isaac Herzog e seus colonos estão travando, uma guerra não contra crianças, mas contra seu reprovável gosto literário.

Naturalmente, essa "sala das crianças" tinha se transformado "numa base de operações militares". E ali estava aquele livro, para quem quisesse ver: uma obra em geral trancada a sete chaves em cofres subterrâneos, protegida por sensores a laser e botões de pânico. Que augúrio. Afinal, esse é o livro que "levou à maior atrocidade da humanidade, contra a qual os britânicos lutaram", ele disse à âncora britânica, quase

---

1 Cf. Herzog, 2023.

a repreendendo. "O terrorista" proprietário do livro, ou que pegou emprestado da sala das crianças, "chegou a grifá-lo", Herzog nos alertou, com sua voz agora solene e já não mais rouca — um momento de reflexão, penso eu. Sim, terroristas com canetas. "Ele tomou notas! Ele fez marcações e estudou e reestudou", Herzog exclamou.[2] Uma mudança de paradigma: os terroristas sabem ler.

Foi o assunto do momento, e todo engraçadinho tinha uma piada. Tanto propagandistas patrocinados pelo Estado quanto porta-vozes voluntários se apressaram a transformar em arma esse "achado", tornando-o um legítimo pretexto para o genocídio, já que não havia outra explicação: os palestinos estavam planejando o extermínio dos judeus; portanto, deviam ser exterminados. E como resposta aos palhaços e a seu circo, nosso impulso foi o de rebater meticulosamente as afirmações de Herzog.[3] *O livro foi plantado lá! Olhem o exemplar que ele está segurando, é novinho em folha! Ninguém jamais folheou esse livro. Além disso, existem exemplares de* Mein Kampf *nas prateleiras da Universidade de Haifa! E na Universidade de Tel Aviv! O dono desse livro provavelmente só*

---

2 Ibid.

3 Em outro caso, na Conferência de Segurança de Munique, Herzog exibiu um exemplar embrulhado em plástico de um livro intitulado *O fim dos judeus* e alegou falsamente que ele havia sido escrito pelo líder sênior do Hamas, Mahmoud al-Zahar. Grandes veículos de notícias internacionais, incluindo o *New York Post*, publicaram a história sem confirmar sua veracidade. O livro, na verdade, foi escrito por um autor egípcio chamado Abu al-Fida Muhammad Aref. Centre for Combating Disinformation – Palestina, *#Palestina*.

estava curioso e queria pesquisar sobre o mal de Hitler! Deus não permita que os homens tenham hobbies!

Mas por que esse é o nosso impulso? Um músculo extremamente bem treinado é responsável pelo reflexo de refutação, que se tornou parte intrínseca do corpo palestino. A entidade sionista vem há décadas plantando armas e fabricando provas, colocando facas de cortar frutas ao lado de meninas em idade escolar assassinadas. Mas desde quando um livro é uma arma? Quando um livro se tornou um indício capaz de incriminar alguém? Por que temos que responder seriamente a coisas absurdas? Em vez de sucumbirmos a essa lógica aniquiladora que nos torna criminosos do pensamento com base naquilo que supostamente lemos ou naquilo em que acreditamos, por que não dizemos que *mesmo que* aquele exemplar novinho em folha de *Mein Kampf* tenha sido encontrado num quarto de brinquedos de crianças, onde foi lido como história de ninar, isso não dá ao regime sionista, que ocupa e coloniza nossas terras, a permissão para nos exterminar? Nada no meu caráter ou na minha prateleira, nem mesmo coisas horríveis, deveriam determinar se mereço viver ou morrer. Nada na minha ideologia, ainda que ela seja incendiária; nada na minha disposição, ainda que ela seja grosseira.

Em outros tempos, acreditei piamente que os nossos testemunhos só seriam vistos como críveis quando conquistássemos "respeitabilidade". A lógica colonial nos leva a crer que são nossas falhas, e não o próprio colonialismo, que se interpõem entre nós e a nossa libertação. E assim passamos anos numa tortuosa jornada, tentando chegar a uma expiação impossível. Aceitamos começar a história com "Em segundo lugar". Mas, na verdade, e para dizer o óbvio, nada me torna passível de ser assassinado. Antes que eu atirasse a pedra, eles roubaram a minha terra. Antes que eu pegasse o rifle, eles balearam as pessoas que amo. Antes que eu construísse o foguete improvisado, eles me trancaram numa jaula. Aquilo que leio não pode ser usado como pretexto para me assassinar, ainda que eu enchesse minha biblioteca com livros escritos por psicopatas, com pilhas intercambiáveis de exemplares de *Mein Kampf* e de *Escolhas difíceis*, de Hillary Clinton.

A propaganda é como um livro infantil. Propagandistas de sucesso ambicionam criar frases a um só tempo simplistas e incoerentes. A simplicidade ostensiva convida a uma repetição fácil e entusiasmada, que se torna uma espécie de melodia, transformando em vozes de destaque no coro até mesmo aquelas de pouco brilho. A incoerência incita argumentações incessantes; o objetivo é simplesmente fazer com que você queira bater a cabeça contra a parede.

O livro-manifesto de Hitler "encontrado" no norte de Gaza tem tudo em comum com qualquer outro clichê sionista: suas raízes se encontram em falácias lógicas evidentes. De início, pode parecer chocante que uma história tão ridícula possa ser tão potente e eficaz. Mas quantas horas você passou se defendendo contra ataques ad hominem (*Não, nossos homens são pais amorosos!*) ou mitigando paranoias travestidas de argumento (*Não, "do rio ao mar" não é um chamado secreto para um genocídio!*) ou contornando lógicas falaciosas e escorregadias (*Não, uma Palestina livre não vai levar a um segundo Holocausto!*) ou parando diante de pistas falsas ou distrações calculadas (*Não, não existem túneis debaixo do hospital!*) ou de autoridade (*Até os estudiosos israelenses concordam que é um genocídio!*) ou desmascarando ambiguidades intencionais (*Não, antissionismo não é antissemitismo!*)? A qualidade intrínseca da propaganda — sua falta de lógica — é precisamente seu ponto forte, pois trata-se de uma distração.

Mas distração de quê? Do ponto focal: do colonialismo, do cerco, da ocupação militar. Os restos mortais dos nossos filhos recolhidos em caixas de sapatos, a tortura que os nossos homens suportam nos centros de detenção israelenses (que só podem ser descritos como campos de concentração), as mulheres ameaçadas de estupro sob a mira de armas, as casas demolidas, os sonhos demolidos, as gerações que têm o seu futuro roubado, as pessoas queimadas vivas em tendas. E existe lugar para conversas paralelas diante de corpos em chamas?

Mais uma pergunta: por que os líderes israelenses insistem em frases infantis como "Israel tem o direito de existir" e "não existe 'P' em árabe"?[4] Por que Netanyahu se apresentaria num palco internacional e faria uma afirmação absurda, a-histórica, de que o *múfti* de Jerusalém inspirou o Holocausto?[5] Porque ser absurdo é o objetivo da sua diatribe — isso fornece aos seus aliados um hino infantil para nos provocar, e nos tenta a acreditar que é possível combater absurdos usando o raciocínio lógico. Nem toda afirmação é feita de boa-fé. Muitas vezes, o impulso de desmentir mitos, o reflexo de refutar mentiras — independentemente do nome que você queira dar a isso — nos faz esquecer que a propaganda é, deliberadamente, uma manobra de distração. "Mesmo que" não faz esquecer esse fato; "mesmo que" é um refrão sóbrio.

E "mesmo que" segue sendo lógico. Quando confrontados com o tropo racista segundo o qual os combatentes da resistência palestina usam civis como escudos humanos, é tentador selecionar trechos de vídeos que mostram soldados israelenses usando os nossos corpos exatamente desse

---

4 Cf. "Dumbest excuse for occupation: No letter 'P' in Arabic" (*The New Arab*, 2016).

5 Cf. "PM Netanyahu addresses the 37th Zionist Congress" (Netanyahu, 2015).

modo,[6] ou mapas que mostram quartéis-generais israelenses situados no coração da agitada e densamente povoada Tel Aviv. Essas, afinal, são respostas convincentes. Mas, para começo de conversa, por que aceitar a premissa da questão? Mesmo que as alegações sobre os escudos humanos fossem verdadeiras, por que se submeter a uma lógica segundo a qual é aceitável matar aqueles "classificados" como civis na hipótese de que haja "terroristas" se escondendo atrás deles? Se, digamos, um ladrão tomasse sua mãe como refém e se escondesse atrás dela, o policial no local seria absolvido de toda responsabilidade caso decidisse matá-la para neutralizar o ladrão?

Uso a analogia do ladrão e do policial de modo consciente. Os sionistas criaram uma narrativa na qual eles são uma força benigna, que combate intrusos legitimamente. Mas a realidade, é claro, é o inverso. O colonialismo é o ladrão *e* o policial a um só tempo, comete o crime e o legaliza.

Os sionistas enquadram suas ações sistêmicas e politicamente orientadas como se fossem uma lamentável necessidade, ações que estariam fora de seu controle, um destino inescapável, no qual nós os forçamos a matar as nossas crianças. Esse era o vil refrão de Golda Meir, e que continua rever-

---

6 Cf. "Gaza: Israeli army uses Palestinian civilians as human shields in its operation in Chifa Medical Complex and its vicinity" (Euro-Mediterranean, 2024a) e "19-yo Palestinian, shot, used as human shield, dies in Israeli custody" (Al Mayadeen, 2024b).

berando desde então.[7] Mas Golda Meir poderia ter poupado os nossos filhos. Ninguém a obrigou. Ela escolheu matar os nossos filhos. Ela premeditou e planejou meticulosamente o massacre e o executou a sangue-frio.

---

7 "Quando a paz vier, talvez com o tempo sejamos capazes de perdoar os árabes por matar nossos filhos, mas será mais difícil perdoá-los por nos terem forçado a matar os filhos deles" (Meir, 1973, p. 242).

Quando os sionistas queimaram o nosso povo vivo nas tendas em Rafah[8] — uma frase que jamais pensei que iria escrever —, o massacre só foi interrompido pelos intervalos comerciais. O coro deles cantou a velha ladainha de sempre, extraída diretamente do manual de instruções. Primeiro eles negaram, depois disseram tratar-se de um míssil com problemas, depois alegaram que foi um ataque cirúrgico contra um líder militar (que estava escondido entre os civis), depois disseram que o número de mártires foi inventado, depois disseram ter sido um erro trágico.

À medida que o clamor das testemunhas oculares se elevava, muitos de nós debatíamos sobre o que acontecera e trabalhávamos duro para "desmentir" as alegações israelenses. Esse diversionismo sempre foi o objetivo. Veja por exemplo um caso que já mencionei, o de Orwa Cheikh Ali, cujo rosto foi marcado com a Estrela de Davi por policiais israelenses. A polícia alegou que as marcas foram causadas pelo sapato de um policial. Jornalistas, como estenógrafos que são, rapidamente amplificaram essa mensagem oficial. E, infelizmente, muitos de nós morderam a isca e começaram a argumentar que cadarços não gravam desenhos geométricos na pele, como se isso já não fosse ridiculamente óbvio, como se o ato de um policial colono pisar no rosto de um palestino

---

8 Em 26 de maio de 2024, as Forças de Ocupação Israelenses bombardearam o acampamento dos deslocados "Paz Kwaitiana" dentro do campo de refugiados de Tel-al-Sultan, em Rafah, matando pelo menos cinquenta pessoas e ferindo pelo menos duzentas e quarenta e nove pessoas.

não fosse em si ignominioso. Mas o ponto é confundir: a conversa deixou de ser sobre o jovem palestino brutalizado e passou a ser sobre algo completamente irrelevante.

E o mesmo manual foi usado quando um atirador israelense matou a tiros Shireen Abu Akleh: atiradores palestinos foram acusados de baleá-la.[9] O mesmo manual foi usado quando o regime israelense bombardeou o hospital Al-Ahli e alegou que a destruição ocorrera por fogo amigo.[10] O objetivo não era provar que as Forças de Ocupação Israelenses não haviam de fato bombardeado o hospital, mas criar um debate público confuso e frustrante. "Eles matam a vítima, depois vão ao seu funeral?"[11] Por que aceitamos isso? É como se tivéssemos internalizado as suas falas (*Não há inocentes em Gaza. Palestinos são terroristas.*) e estivéssemos trabalhando para negá-las não só para os nossos inimigos e aliados, mas também para nós mesmos.

Assim, volto à questão anterior: há espaço para conversas paralelas na presença de corpos em chamas? Não estou sugerindo que atrofiemos o músculo que dá força ao nosso reflexo de refutação. Nem estou ingenuamente presumindo que nosso movimento possa se dar ao luxo de não acomodar as jornadas políticas das pessoas. De fato, a propaganda deve ser desmascarada. De fato, precisamos ir ao encontro

---

9 Cf. "Israel's shifting narratives on the killing of Shireen Abu Akleh" (Al Jazeera, 2022c).

10 Os noticiários da grande mídia, mesmo aqueles que haviam mencionado o bombardeio, recuaram e alegaram "fogo amigo", incluindo o *The New York Times*. Cf. Kingsley; Boxerman, 2023.

11 Provérbio árabe (بيقتل القتيل وبيمشي بجنازته).

das pessoas para mobilizá-las. Nessas últimas páginas, o que fiz não foi simplesmente desdenhar da propaganda sionista como se ela fosse universalmente reconhecida como fábulas e invenções. Não descartei imediatamente as alegações de Herzog sobre o *Mein Kampf*. Mesmo sabendo que as alegações dele eram deliberadamente enganosas, expus para o leitor a variedade de cenários que podiam explicar a presença do livro no quarto de brinquedos. Lembrei ao leitor como é fácil obter um exemplar do livro, mesmo em bibliotecas israelenses, e que ele podia ter sido plantado ali pelos próprios soldados.

A ideia é "desmentir" com dignidade e, sempre, ao mesmo tempo, nomear o elefante na sala: a propaganda. Minha missão não é isentar meu nome de falsas acusações; em vez disso, é desmascarar o engano e a duplicidade de meus acusadores. De outro modo, a lógica, diante daquilo que é ilógico, mostra-se míope, pois, sem querer, legitima a insídia e a dignifica com uma resposta. Se eu digo *Palestina livre* e alguém ouve *Holocausto*, trata-se, na melhor das hipóteses, de apofenia e, na pior, de distorção deliberada, um desvio daquilo que é urgente e tangível: a carne do nosso povo literalmente queimando.

Na manhã em que me sentei para escrever isso, um enfermeiro e jornalista chamado Yusef Mema publicou fotos dos corpos em decomposição de palestinos assassinados no norte de Gaza — uma caveira, costelas e ossos dos pés projetando-se para fora de calças jeans. Eles vinham sendo expostos às condições adversas havia oitenta dias, ele explicou, porque pesados bombardeios israelenses e incursões por terra tinham "impedido que socorristas chegassem aos mártires". E tudo isso enquanto jovens palestinos nos

Estados Unidos estavam sendo baleados ou esfaqueados por supremacistas brancos.[12] Nesse meio tempo, em outro planeta, universitários sionistas estavam ocupados lamentando a ameaça representada por manifestações pró-Palestina no campus, e depois dando depoimentos sobre essa ameaça no Congresso. De início, pensei que eles estavam derramando lágrimas de crocodilo. Pensei que estavam fingindo medo. Mas não pode ser mera atuação: apesar das armas nucleares e da terra prometida, o medo deles é visceral, a ponto de conseguir evocar a Gestapo nos corredores da Ivy League.[13]

---

12 Wadea al-Fayoume era um menino palestino-americano de seis anos que morava em Plainfield Township, Illinois. Em 14 de outubro de 2023, ele foi esfaqueado vinte e seis vezes pelo seu senhorio branco num crime de ódio contra palestinos. Hisham Awartani, Kinnan Abdalhamid e Tahseen Ali Ahmad são três estudantes universitários que foram baleados por um homem branco em Burlington, Vermont, em 25 de novembro de 2023. Zacharia Doar, um jovem pai palestino-americano, foi esfaqueado por um homem branco em Austin, Texas, em 8 de fevereiro de 2024. Em um texto lido numa vigília no campus da Universidade Brown e compartilhado pelo Movimento da Juventude Palestina, Hisham Awartani escreve: "Este crime hediondo não aconteceu no vácuo... Sou apenas uma vítima neste conflito muito mais amplo. Se eu tivesse sido baleado na Cisjordânia, onde cresci, os serviços médicos que salvaram a minha vida aqui provavelmente teriam sido retidos pelo exército israelense".

13 Uma versão dessa passagem foi publicada em "What does it mean to be Palestinian now?" (El-Kurd, 2024a).

Ser palestino hoje é sentir como se você estivesse num sonho febril, preso na alucinação de outra pessoa. É ser interrogado sobre a insídia oculta dos nossos cânticos enquanto políticos israelenses se gabam, nos jornais e em entrevistas, de fazer uma limpeza étnica em Gaza. É gritarem por cima da sua voz, ser silenciado por pessoas que alegam temer pela própria vida na segurança de apartamentos que jamais foram danificados por fósforo branco, que jamais enfrentaram algo mais árduo do que o inverno americano, ao mesmo tempo que em outro canto do planeta há gente cavando buracos para encontrar as pessoas que amam, soterradas sob os destroços de edifícios arrasados. As conversas sobre a Palestina no Ocidente são guiadas por abstrações: o sentido do sionismo, o nível de ameaça das palavras, o logisticamente impossível — mas ainda assim impossivelmente iminente — genocídio do povo judeu.[14]

Tais detalhes não são menores. Ao situar o Holocausto fora da história, localizando-o não apenas no passado, mas também em um eterno futuro, o sionismo criou um status quo em que a possibilidade de um segundo holocausto obteve primazia sobre um holocausto que está acontecendo no presente. Estou certo de que alguns leitores hão de considerar essas linhas anteriores desconfortáveis ou mesmo incendiárias, mas

---

14 Na primeira vez que publiquei essa passagem em um artigo, me pediram que esclarecesse por escrito que não nego o Holocausto, então escrevi: "Aparentemente, devo esclarecer que de fato acredito que o Holocausto aconteceu". Cf. "What does it mean to be Palestinian now?" (El-Kurd, 2024a).

este é precisamente o ponto: a linguagem que compara os sionistas aos nazistas é mais analisada — e mesmo penalizada — do que as políticas governamentais e as ações militares que imploram que a analogia seja feita. Enquanto esse status quo persistir, enquanto os palestinos estiverem sujeitos à violência colonial e ao apagamento, certamente podemos e devemos recusar a indignidade como um estado de existência, recusar nos encolher e encolher nossas aspirações, recusar ser silenciados ou ter nossa voz abafada por gritos, e recusar mitigar as alucinações de nossos colonizadores.[15]

A ideia é cuspir a isca e cuspir na acusação. Rejeitar e desmistificar aquilo que eles exigem de nós: que sejamos vítimas perfeitas e nos rendamos de maneira perfeita. O desempenho afetivo e cinésico com o qual respondemos a tais calúnias muitas vezes ressoa com mais força e é mais envolvente do que as estatísticas e súplicas memorizadas de sempre. Ao decifrar o subtexto pernicioso de um argumento específico — ou ao simplesmente expô-lo ridicularizando-o, desdenhando-o ou repudiando-o —, desarma-se o argumento, o que diminui seu poder de sedução lógica sobre a mente dos ouvintes. De outro modo, e eu já disse isso antes, acovardar-se diante de uma acusação muitas vezes irá nos levar para mais perto dela, especialmente quando nossos acusadores acreditam que as suas acusações são autoevidentes.

Quantas pessoas temos visto se debatendo para escrever pedidos de desculpas e esclarecimentos sobre acusações de racismo antipalestino ou islamofobia? Por acaso as pessoas

---

15 Ibid.

que bloqueiam nosso caminho rumo à liberdade com argumentos falsos em algum momento se preocupam com nosso bem-estar? Se, de fato, "o Hamas mandou uma menininha de sete anos vestida com uma blusa da Minnie direto para a [barreira militar israelense]",[16] como isso pode absolver o atirador que puxou o gatilho? Será que "ela estava pedindo que isso acontecesse" não é um argumento perverso? E se, de fato, houvesse túneis e bunkers debaixo do Hospital Al-Chifa, como isso justifica bombardear e matar aqueles que estavam se protegendo dentro do prédio? Na verdade, o que eles chamam de escudos humanos são famílias que, mesmo na morte, recusam a separação, famílias que se recusam a morrer em outro lugar que não nos braços uns dos outros.

---

16 Cf. David Keyes, citado no filme *Gaza Fights for Freedom*, dirigido por Abby Martin (2019).

7 Epifanias miraculosas

Sobre testemunho

Se eu morrer com sede, que a chuva nunca mais caia!
Abu Firas al-Hamdani, cantado por Umm Kulthum[1]

Uma pedra arremessada – FOI UM ESCÂNDALO. Ele lançou o que mais tarde chamou de "uma pedrinha" numa guarita israelense. Ou torre de vigilância (as fontes discordam).[2] Edward Said, o intelectual palestino, um gigante da academia, havia se envolvido no tipo de ação que os acadêmicos só podem analisar, e da qual não devem jamais participar, durante uma visita ao sul do Líbano, em julho de 2000. A indignação se espalhou pela Ivy League e além. Chamar suas ações de "brincadeira" seria um eufemismo – o choque que aquilo causou foi impressionante.

---

1 "Araka Asiya al-Dam", poema escrito *c.* 960 d.C. Umm Kulthum cantou três versões diferentes desse poema em colaboração com três compositores. A versão mais conhecida foi apresentada em 1964 e composta por Riadh al-Sunbati. "إذا مِتّ ظَمْآناً فَلا نَزَل القَطْرُ!"

2 Guardando o quê? Vigiando quem?

A visita de Said à fronteira ocorreu quase quarenta dias depois que o Hezbollah derrotou os militares israelenses e os expulsou de solo libanês, encerrando vinte e dois anos de ocupação e inspirando comemorações em toda a região. O acadêmico, com sessenta e quatro anos na época, no entanto, era "imponente demais, um pouco importante demais para atirar pedras na direção de soldados israelenses", de acordo com o jornal *The Washington Post*. Teria o célebre professor da Universidade Columbia "se juntado às fileiras dos atiradores de pedras palestinos"? A pergunta não era retórica; o *Post* respondia na frase seguinte: "Aparentemente sim".[3]

Uma semana depois dessa revelação, o *Columbia Daily Spectator* publicou na primeira página uma fotografia de Said atirando o que espero não ter sido uma pedrinha, mas sim uma pedra, com a manchete: "Edward Said acusado de apedrejamento no sul do Líbano".[4] *Apedrejamento*. Presumo que tal palavra tenha sido escolhida por suas conotações evocativas e islamofóbicas.[5] O fato de ter sido lançada contra o filho de árabes cristãos anglicanos torna essa escolha especialmente racista. No entanto, ao ler essa manchete duas décadas depois, impressiona a habilidade de expressar sutilmente o racismo usando palavras com duplo sentido, especialmente se considerarmos que as manchetes de hoje só sabem nos enganar descaradamente. Vamos tomar, por

---

3 Cf. "Letter from Israel" (Hockstader, 2000).

4 Cf. Kim, 2000.

5 "Apedrejamento", *rajm*, nunca foi mencionado no Alcorão. Somente chicotadas. Portanto...

exemplo, as palavras escolhidas pelo *Post* em 2024 sobre o assassinato israelense de crianças palestinas num hospital de Gaza: "Quatro vidas frágeis encontradas extintas...".[6]

Esses artigos sobre Said eram condenatórios, mas aparentemente não condenatórios o suficiente. Dois meses depois, alguns dos colegas dele responderam no *Daily Spectator*:

> A frase de abertura [do artigo do *The Washington Post*] nos perturba, pois parece insinuar que o ato de atirar pedras numa fronteira internacional contra civis e soldados desconhecidos de um país vizinho seria aceitável ou pelo menos compreensível se realizado por indivíduos comuns, mais jovens, menos imponentes ou importantes... Por mais abominável e primitivo que tenha sido seu ato gratuito de violência aleatória... foi ainda mais perturbador... por ter sido cometido por um colega que teve o privilégio de ter sido educado nas melhores instituições privadas do mundo.[7]

Não sei o que é mais engraçado: chamar uma entidade colonialista de assentamento maníaca de "país vizinho" ou alegar que é "gratuito" e "primitivo" atirar pedras nos colonos. No entanto nenhuma das duas opções é tão cômica quanto o fato de que os piores "atos gratuitos de violência aleatória" da história tenham sido predominantemente realizados por pessoas que se formaram nas "melhores instituições privadas".

---

6 Cf. "Four fragile lives found ended in evacuated Gaza hospital" (Berger; Hill; Balousha, 2023).

7 Cf. "Rock-throwing by Said should not be excused" (Federgruen, 2000).

Em seguida, não foi um colega, mas um dos ex-alunos de Said quem disse algumas palavras moralizantes para ele, vindas de Bet El, uma colônia israelense na Cisjordânia ocupada, construída em 1977 sobre terras que pertencem às aldeias de Beitin e Dura al-Qari. Os colonos de Bet El desfrutam há anos de milhões de dólares em doações isentas de impostos feitas por instituições de caridade judaico-americanas como a American Friends of Beit El[8] e por benfeitores como Jared Kushner e David Friedman, que Donald Trump mais tarde nomearia para cargos de destaque em seu governo.[9]

"Enquanto tomava meu café", relatou o aluno colono de Said, "uma foto do meu antigo professor saltou diante dos meus olhos no meu jornal israelense local".[10] Eu me pergunto em qual dos nossos hectares de terra roubados o aluno colono experimentou um trauma tão profundo. "Lá estava ele... jogando pedras por cima da cerca em judeus uniformizados que ele sabia que não responderiam."[11] Primeiro Obama, depois esse cara.[12] Parece que Said foi amaldiçoado com alunos

---

8 Outras organizações estadunidenses 501(c)(3) [código da Receita Federal dos Estados Unidos que isenta de taxas as empresas em que se aplica] de destaque dedicadas à expansão das colônias são: Irving Moskowitz Foundation, American Friends of Ateret Cohanim e Central Fund of Israel — para citar apenas algumas. Cf. Shamas, 2021.

9 Cf. "A fanatical Israeli settlement is funded by New York suburbanites" (Petti, 2024).

10 Cf. "Sticks and stones" (Ben-Tekoa, 2000).

11 Ibid.

12 Cf. "Obama and the Palestinian professors" (Wiener, 2008); "How Obama learned to love Israel" (Abunimah, 2007).

terríveis. Como alguém pode descrever, sem ironia, ninguém mais do que *soldados israelenses* como inócuos "judeus uniformizados que... não reagiriam"?

Que delírio. O texto desse colono presunçoso foi escrito em 2000, doze anos depois de Yitzhak Rabin, o amado "Soldado da Paz" do Ocidente, ter instruído o exército israelense a quebrar os braços e as pernas de centenas de atiradores de pedras e manifestantes pacíficos durante a Primeira Intifada, naquilo que foi apelidado como "política de quebra ossos" de Rabin. Que miopia! Poucas semanas após sua publicação, atiradores israelenses miraram nos olhos das crianças que atiravam pedras na Segunda Intifada e dispararam balas de aço revestidas de borracha. Dezessete anos depois, na Grande Marcha do Retorno de 2018, uma nova geração de atiradores israelenses criou uma demografia de amputados na Faixa de Gaza sitiada quando atiraram para mutilar manifestantes que ousavam marchar em direção às suas cidades natais roubadas. Muitos eventos na história palestina mostraram que aqueles judeus – e drusos e muçulmanos – em uniforme israelense eram impulsivos, se não totalmente genocidas. O espectro do seu arsenal nuclear paira sobre nós. Seus aviões de guerra miram os nossos entes queridos e os queimam vivos. *Mas a pedra de Said!* "E se [ela] tivesse atingido[13] alguém do outro lado?"[14]

---

13 Eu gostaria que tivesse.

14 Cf. "Letter from Israel" (Hockstader, 2000); "Sticks and stones" (Ben-Tekoa, 2000).

Nos meses seguintes, a *Sigmund Freud Society*, em Viena, cancelou uma palestra de Said. O *The New York Times* noticiou o cancelamento em uma matéria intitulada "A stone's throw is a Freudian slip".[15] O presidente da organização vienense à época disse ao jornal que muitos de seus membros "não conseguem aceitar que tenhamos convidado um palestino engajado que também atira pedras contra soldados israelenses". De sua perspectiva, Said foi citado argumentando que suas ações foram um mero "gesto simbólico de alegria" pelo fim da invasão israelense do Líbano. "Não havia ninguém lá", disse ele. "A guarita ficava a pelo menos oitocentos metros de distância."[16] O fato de o acadêmico ter achado necessário explicar o seu comportamento "gratuito", é claro, não pode ser separado da hostilidade que colore as experiências dos acadêmicos palestinos no Ocidente. No entanto a ênfase de que a pedra era, na verdade, uma "pedrinha" se destaca.

Talvez seja por meio da citação anterior, "Não havia ninguém lá", que se possa entender a escolha de Said. A palavra "pedrinha" foi possivelmente usada na tentativa de ilustrar a natureza assimétrica dos atos violentos cometidos neste chamado "conflito" e a assimetria do próprio "conflito". Pedras versus tanques, Davi versus Golias, e assim por diante. Talvez a escolha da palavra, portanto, tivesse a intenção de destacar o impacto trivial do arremesso de pedras no aparato militar e de segurança israelenses, focando, em vez

---

15 Cf. Smith, 2001.

16 Ibid.

disso, no valor metafórico de seu ato, fosse ele a "alegria", o desafio ou "a solidariedade para com os palestinos que atiravam pedras em tanques e enfrentavam metralhadoras e bombardeios [das IOF]".[17]

Outra possibilidade era que Said sentisse a necessidade de esclarecer seus princípios. Ele era "totalmente contra a ocupação militar de qualquer tipo, tanto a ocupação de países árabes por Israel, do Kuwait pelo Iraque ou qualquer outro caso", disse ele. Em uma leitura mais cínica, pode-se interpretar as observações de Said como um impulso para proteger a sua posição no mundo, tentando, sem sucesso, controlar os danos do seu ato. Ele atirou *uma pedrinha* e, nessa distinção discursiva, esperava se distanciar dos atiradores de pedras e dos queimadores de pneus, dos *mekhablim*[18] e da violência em geral. Afinal, era um homem de paz. "Tenho muitos amigos israelenses. Dei palestras em Israel e

---

17 Cf. LeBlanc, 2013, p. 90.

18 *Mekhablim* (sing.: *mekhabel*) é um insulto racial contra árabes. Esta palavra — exclusivamente israelense e frequentemente traduzida por "terrorista", embora o equivalente mais próximo seja "sabotador" — é usada para se referir àqueles que se enquadram na categoria dos condenados, ou seja, palestinos em massa, os libaneses, árabes, aqueles considerados — pelo governo, pela mídia e pelos militares israelenses — passíveis de serem assassinados. Por exemplo, palestinos presos pela polícia israelense são descritos como *mekhablim*, pouco importam as circunstâncias da prisão. A mídia israelense frequentemente usa o termo para se referir a vilas e cidades inteiras, palestinas e árabes, e não apenas a indivíduos, e a todos os prisioneiros palestinos, independentemente da natureza das alegações contra eles.

continuo a ter contatos lá", disse ele num comunicado. "Não se trata de ódio contra Israel."[19]

Suspeito que essa explicação nada tenha feito para apaziguar a fúria das pessoas. Ressalvas como essas, visando isenção de responsabilidade, muitas vezes nos implicam ainda mais naquilo de que somos acusados: sopram fumaça onde não há fogo. Aos olhos de muitas pessoas, o intelectual "imponente" e "importante", que "foi educado nas melhores instituições privadas", não falava mais a língua daqueles que um dia o acolheram nessas instituições. "Embora não seja materialmente o mesmo que se explodir num ônibus ou café", prosseguia o argumento, "não está tão longe disso, como uma espécie de atividade de entrada."[20] Escapar do gênero do terrorismo parece ser uma tarefa impossível, mesmo para os palestinos mais palatáveis e em ascensão social. Said não podia mais falar: juntou-se às fileiras dos "terroristas" e perdeu o anjo que tão habilmente esculpira em mármore.

---

19 Citado em Kim, 2000.

20 Cf. LeBlanc, 2013, p. 90.

Quem fala pelos palestinos? Quem mantém esse direito apesar de décadas de demonização, deslegitimação e discriminação racial? Quem pode escapar do gênero do terrorismo? Se não se pode confiar uma pedrinha ao mais elegante e cosmopolita de nós, como confiar um microfone ao mais bruto?

Tenho muito pouco em comum com Edward Said (além de ter sido condenado pela Liga Antidifamação,[21] o que considero um distintivo de honra). Sou fruto de um lar humilde e de instituições humildes e, embora a pobreza continue sendo uma desvantagem material ao longo da história, suas conotações sociais, especialmente na academia, mudaram. Pode-se dizer que uma origem humilde durante a época de Said era *déclassé*; hoje é citada com frequência como um trunfo admirável nos ensaios escritos para a admissão na faculdade. Também sou filho de um absurdo surpreendente. Cresci na metade do meu lar; a outra metade foi roubada por colonos judeus de Long Island, cujos empreendimentos

---

21 Fundada em 1913, nos Estados Unidos, a Liga Antidifamação [ADL, na sigla em inglês], carinhosamente conhecida como "Liga de Defesa do Apartheid", se autoproclama como a "principal organização de combate ao ódio do mundo". A organização de "direitos civis" historicamente espionou movimentos progressistas, apoiou o policiamento racista e militarizado, difamou ativistas negros e muçulmanos, suprimiu os direitos palestinos, difamou críticos do colonialismo como antissemitas e se aliou a intolerantes. Em agosto de 2020, uma coalizão de organizações progressistas lançou a campanha "Abandone a ADL", argumentando que "a ADL não é uma aliada" no trabalho de justiça social. Entre os signatários notáveis estavam: Democratic Socialists of America, Movement for Black Lives, Jewish Voice for Peace, Center for Constitutional Rights, e Council on American-Islamic Relations.

coloniais, assim como é o caso com os colonos em Bet El, também são financiados por instituições de caridade americanas isentas de impostos. Aprendi desde jovem a me tornar um docente da desapropriação, a sintetizar e articular esses absurdos em inglês mal falado para os diplomatas e jornalistas estrangeiros que se sentavam na nossa "tenda de solidariedade", bebendo o nosso chá e "testemunhando" a nossa catástrofe. São essas circunstâncias e articulações que me permitiram aquilo que o mérito e a mobilidade social permitiram a Said: o direito de narrar.

Minha tragédia, por assim dizer, e minha disposição — e capacidade —[22] de falar sobre ela, me colocaram numa posição única. Por um lado, sou jornalista e escritor. Ocasionalmente sou convidado pela CNN — bem, fui uma vez; parece que nunca sou convidado para o mesmo canal duas vezes. Por outro lado, sou vítima de deslocamento forçado, um deslocamento muito público, para ser mais específico, e esse deslocamento atraiu a atenção internacional. Por que me deram o microfone? Por causa do sotaque americano que ensaiei por anos? Por que sou agradável aos olhos? Talvez tenha recebido o microfone para preencher uma cota irrelevante, para transmitir uma aparência de justiça e imparcialidade na conversa global da qual somos em grande parte apagados. Às vezes, não consigo deixar de pensar que eu e

---

22 Não é todo mundo que pode interpretar o papel de defensor — especialmente não quando se está de luto ou lutando para colocar comida na mesa. Nem todo mundo deseja exibir as feridas ainda abertas diante de diplomatas estrangeiros e jornalistas ansiosos para negá-las.

outros na minha situação estamos na tribuna e diante das câmeras apenas como meros *tokens*, em vez de especialistas, estamos lá simplesmente para entreter. Ou será que arrancaram as minhas presas?

Hoje, encontrei minhas respostas. Aos onze anos, quando fui selecionado como protagonista de um documentário sobre o meu bairro, Cheikh Jarrah, eu tinha uma resposta muito diferente para essa pergunta. Eu acreditava que tinham me pedido para falar porque eu era especial.

Quem você dará à luz agora?
Uma criança... ou um crime?
Amal Danqal[23]

Crianças na tribuna — na rua Yafa, em Jerusalém, catorze anos atrás: lembro-me nitidamente de procurar óculos sem grau, a fim de parecer inteligente. Foi dias antes de eu embarcar para os Estados Unidos e para a Bélgica, onde discursaria no Congresso americano e no Parlamento Europeu sobre as expulsões forçadas (o que a mídia chamava de "despejos") no meu bairro, Cheikh Jarrah. Na tribuna, usando meus óculos falsos, apresentei os temas que havia memorizado, sem saber que eu era o tema a ser debatido. Não me lembro de muita coisa, a não ser da frieza do ambiente, de algumas carrancas e de alguns aplausos aqui e ali. *Uau, eles acham que sou tão maduro e sábio*, pensei.

Uma década depois, nossa rua estava de volta sob os holofotes. Estávamos em campanha mais uma vez, ao lado de centenas de vizinhos, para salvar as nossas casas da limpeza étnica. O que começou como um grito de guerra de um bairro contra a desapropriação se traduziu numa revolta unida que levou a causa palestina ao cerne do noticiário in-

---

23 ماذا تلدين الآن؟
طفلًا ...
أو جريمة؟
Do poema "Waiting for the Sword" [título traduzido pelo autor para o inglês]. Cf. Danqal, 1987, p. 183.

ternacional. E assim os políticos começaram a me procurar. Fui contatado em nome dos gabinetes de vários senadores e congressistas americanos, incluindo Chuck Schumer.

Eles estavam interessados em falar com os palestinos sobre aquilo que sempre chamam de "a situação" em Jerusalém — uma Jerusalém que chamo de ocupada e uma Jerusalém que eles dividem e chamam de "Jerusalém Oriental" — embora não quisessem falar com *qualquer* palestino. E perguntaram — essa é uma citação literal — se eu poderia "encontrar [para eles] uma criança palestina que conte qual é, em seus sonhos, o significado de paz". Para traduzir esse pedido: o único palestino que eles estão dispostos a deixar sentar à sua mesa é uma criança.[24] O único palestino considerado seguro o suficiente é um palestino cujas presas ainda não foram afiadas. Caso contrário, a imagem ofenderia os eleitores e ameaçaria as suas chances eleitorais. Entendo o valor da infância porque forjei, ou fui influenciado a forjar, meu status de criança em moeda corrente.

O público ocidental e, cada vez mais, o público em países árabes que normalizaram as relações com a entidade sionista, assim como os seus políticos, não estão dispostos a se envolver com palestinos adultos, muito menos com palestinos adultos enfurecidos ou desdenhosos. Em resposta, a privação de direitos políticos e a subjugação racial que sofremos são então comunicadas por meio de — e cada vez mais dependentes de — um paradigma de "inocência", que transforma as nossas "análises" em "relatos". "Relatos" des-

---

24 Cf. "The right to speak for ourselves" (El-Kurd, 2023i).

contextualizados, neutralizados e hiperindividualistas. Em tal paradigma, não apenas temos que exibir o dano evidente infligido às nossas crianças, mas devemos também enunciar o caráter inofensivo que as define e as limita. Praticamos uma política do apelo, transformando os nossos filhos em argumentos persuasivos, esperando que toquem o coração dos insensíveis.

"Caro presidente Obama, tenho catorze anos..."[25] Essas foram as primeiras palavras de uma carta aberta que me pediram para escrever a Obama em 2013. (Normalmente não tento contatar criminosos de guerra, mas quando o faço, certifico-me de que, no mínimo, sejam ganhadores do Prêmio Nobel da Paz.) Quando Barack Hussein Obama chegou ao poder, as pessoas tinham esperança, por razões óbvias. Minha vizinha encontrou esperança no nome do meio do presidente. Ela insistia que Obama era secretamente muçulmano e, portanto, secretamente antissionista. "Não, senhora", eu disse, citando as palavras de John McCain ao responder a alguém que perguntava se Obama era árabe: "Não, senhora. Ele é um cidadão decente e pai de família".[26]

Eu não pensava na minha carta havia onze anos, mas ela me veio à mente quando comecei a escrever este capítulo. Inicialmente, pensei que serviria como um exemplo convincente de como as crianças são telas em branco ideais para ONGs e ativistas políticos. As crianças são apolíticas e impressionáveis; repetem o que você disser. Mas, ao relê-la uma década depois, uma linha me trouxe de volta uma memória profunda e esquecida. "Sr. Presidente, queremos as nossas casas de volta. *E as nossas terras pré-1948.*"[27] Imediatamente me lembrei de mim mesmo naquele dia, encostado

---

25 Uma versão dessa passagem foi anteriormente publicada em "Dear President Obama... I hope you won't remain silent" (El-Kurd, 2013).

26 McCain estava respondendo a um membro do poder público em uma reunião pública em Lakeville, Minnesota.

27 Cf. El-Kurd, op. cit. Itálico adicionado.

na porta da nossa sala de estar, segurando o telefone fixo no ouvido, ouvindo dois editores do jornal *The Guardian*, com sotaque elegante, e discutindo com eles no meu inglês limitado. Insisti em deixar claro na carta que queria a devolução não apenas das cidades ocupadas em 1967, mas de todas as nossas terras roubadas, mesmo as que haviam sido reconhecidas pelas fronteiras internacionais como partes legítimas da colônia. Para os editores, esse trecho do texto era problemático. Era uma exigência de descolonização total.

Mesmo assim, dei a eles um ultimato, como bom adolescente, e eles publicaram o rascunho sem mutilá-lo. "Se eu tivesse direito a um desejo", conclui a carta, "iria recuperar os direitos de todos. De uma bolinha que roubaram de um menino na rua a uma grande fazenda que roubaram de um avô." (Obama respondeu-me três anos depois, ainda que subliminarmente, oferecendo ao regime israelense 38 bilhões de dólares em financiamento militar, naquele que foi, à época, o maior pacote de ajuda desse tipo na história dos Estados Unidos.)

Essa lembrança desfez muito do que eu havia passado a aceitar a respeito dos defensores da infância e das crianças em geral. Como se define a infância? O que as crianças têm a dizer sobre o mundo ao seu redor? Minha irmãzinha, Maha, tinha acabado de completar sete anos quando um colono atropelou e matou Enas Khalil,[28] de cinco anos. Muitas ve-

---

28 Enas Khalil (2009–2014) era uma menina palestina da vila de Sinjil, ao norte de Ramallah. Em 19 de outubro de 2014, estava caminhando para casa com a sua amiga Tulin Asfur quando um colono passou por cima delas com o carro, matando Enas e ferindo gravemente Tulin.

zes me perguntei se Maha pensava em Enas ao atravessar a rua a caminho da escola. Uma criança de sete anos em Jerusalém ou no sul do Líbano se desenvolve de maneira semelhante a um nova-iorquino de sete anos? Crianças de sete anos em Tribeca e no sul do Bronx são iguais? O que um menino vendendo chiclete no posto de controle militar de Qalandiya tem em comum com um menino que frequenta um internato na Suíça? O que uma menina em Tel Aviv pode dizer a uma menina de Tulkarem?

Em que mundos as crianças se encontram? Eu tinha dois anos e meio quando vi Muhammad al-Durrah pela primeira vez na televisão, agachado atrás do pai. Ele me ensinou, sem querer, a palavra mártir.[29] Quinze anos depois, encontrei Ahmad Manasra no meu celular. Também ele havia sido atropelado por um carro, em um assentamento, a quinze minutos da minha escola. A cabeça de Ahmad sangrava, e as pernas estavam torcidas atrás dele enquanto a multidão ao redor gritava em hebraico: *Morra, filho da puta!*

E naquele mesmo dia, Marah Bakir[30] com dezesseis anos e eu com dezessete, estávamos a caminho de casa. Nossos caminhos se cruzaram quando eu me aproximava de Cheikh Jarrah. Todos os passageiros do ônibus viraram para a esquerda. Olhei pela janela e vi Marah deitada numa poça de sangue. A polícia atirou nela e a acusou das mesmas coisas de sempre. Fiquei sabendo o nome dela nas horas que se se-

---

29 Muhammad al-Durrah (1988–2000) era um menino palestino, de doze anos, que foi morto pelas Forças de Ocupação Israelenses na Faixa de Gaza, no início da Segunda Intifada. Ele foi atingido em 30 de setembro de 2000 enquanto estava agachado atrás do pai dele, Jamal; um assassinato que foi transmitido ao vivo em todo o mundo. Em 15 de outubro de 2023, os irmãos de Jamal al-Durrah foram mortos em um ataque aéreo à Faixa de Gaza e, em 18 de janeiro de 2024, vinte e três anos depois de matar Muhammad, as Forças de Ocupação Israelenses mataram seu irmão, Ahmad, no campo Bureij, em Gaza.

30 Marah Bakir é uma ex-prisioneira política palestina de Beit Hanina, na Jerusalém Ocupada. Em 12 de outubro de 2015, Bakir foi baleada pelas IOF em Cheikh Jarrah, Jerusalém. Ela foi condenada a oito anos e meio de prisão aos dezesseis anos. Bakir foi uma das prisioneiras soltas em 24 de novembro de 2023, em um acordo de troca de prisioneiros.

guiram.[31] No sexto ano de Marah na prisão, minha vizinha, colega de classe da minha irmã mais nova, Nufuz Hammad,[32] seria detida na escola pela polícia. Eles a acusaram das mesmas coisas de sempre. Será que Nufuz já tinha ouvido falar de Marah antes ou só foi apresentada a ela na prisão?[33]

O que as crianças pensam do encarceramento? Walid Daqqa[34] escreveu que, por muito tempo, evitou usar o termo

---

31 Ahmad Manasra é um prisioneiro político palestino de Beit Hanina, na Jerusalém Ocupada. Ele foi preso em 2015, aos treze anos, acusado de participar de um esfaqueamento contra colonos em Pisgat Ze'ev, um assentamento israelense na Jerusalém Ocupada. Foi condenado a nove anos e meio de prisão e está em prisão solitária desde novembro de 2021. Seu caso recebeu cobertura internacional pela tortura física e psicológica imposta a ele pelo Estado sionista.

32 Nufuz Hammad é uma ex-prisioneira política de Cheikh Jarrah. Em 2021, aos catorze anos, foi acusada de tentar esfaquear um dos colonos que moravam do outro lado da rua onde ela vivia, na casa da família Al-Ghawi, que havia sido tomada à força por uma organização de colonos apoiada pelo governo, em 2008. Ela foi condenada a doze anos em uma prisão israelense. Era a mais jovem prisioneira palestina sob custódia israelense. Ela também foi libertada com Marah Bakir no acordo de troca de prisioneiros em 2023.

33 Nufuz e Marah estavam entre as cento e dezessete mulheres e crianças palestinas detidas que foram soltas em um acordo de troca de prisioneiros entre o Estado colonizador e o Hamas, no final de novembro de 2023.

34 Walid Daqqa (1961–2023) foi o prisioneiro político palestino detido por mais tempo nas prisões israelenses. Ele foi escritor, romancista e filósofo. Em 2019, contrabandeou seu esperma desde uma prisão israelense para dar vida à sua única filha, Milad, apenas um ano depois de escrever um romance infanto-juvenil sobre um adolescente concebido da mesma forma, intitulado *Hikayat sir azzait* [A história do segredo do azeite].

"prisão" com a filha Milad ao falar sobre o lugar onde vivia, onde era mantido refém.[35] Milad, que devia ter dois ou três anos na época, "passou a entender o que é uma prisão muito antes de aprender o significado da palavra. Para ela, era um lugar sem porta". O que acontece com as crianças engolidas por esse lugar?[36] "No mundo da prisão", argumentou Walid, "a infância é um fardo." As crianças, "diante da crueldade dos guardas", ficam ansiosas para abandonar sua vulnerabilidade. Daqqa estava escrevendo sobre um encontro com uma criança prisioneira de doze anos — que expressão: "criança prisioneira" — que pedira um cigarro a ele.

> Em circunstâncias normais, fora dos muros da prisão, eu teria dito não. Não queremos que crianças fumem. Mas, nesse ambiente, ocorreu-me que a criança queria, com esse pedido, crescer rapidamente para poder enfrentar melhor os anos de confinamento que agora pairavam diante dela ou, talvez, quisesse se recuperar da violência da sua detenção. Com o ato de fumar, ela parecia proclamar: "Aqui estou eu, um adulto". Então, dei um cigarro à criança.[37]

A criança prisioneira, que ali estava nos primeiros dias de sua sentença de quatro anos, não queria fumar; queria que o ato de fumar a endurecesse aos olhos dos carcerei-

---

35 Cf. "A place without a door" (Daqqa, 2023a).

36 Havia duzentas e quarenta crianças palestinas em prisões israelenses em junho de 2024 (Zhang, 2024).

37 Cf. Daqqa, op. cit.

ros. "Ele queria se tornar um homem rapidamente."[38] O que se pode dizer a meninos que se tornam homens às pressas? Para onde vão aqueles que se assemelham a Rami Hamdan, Tamir Rice e Cassius Turvey, num mundo que os caça? Para onde fogem? "Para a igreja"? "Para outros guetos"?[39] Ou vão para o "uísque ou para a agulha"?[40] Os meninos, num mundo assim, são homens, e as meninas são homens, e as mulheres também são homens.[41] Não apenas homens, mas combatentes; combatentes que parecem, na visão de mundo de um atirador, estar planejando a morte dele.

> O guarda [da prisão] gritou com [a criança prisioneira] para que largasse o cigarro e depois murmurou para si mesmo, em hebraico, lamentando a visão de uma criança fumando. Mesmo assim, prosseguiu colocando as algemas, permanecendo impassível perante a visão daquelas pequenas mãos algemadas. Como os pulsos da criança eram muito pequenos, entretanto, lutou várias vezes para fechar as algemas, até que, finalmente, decidiu usá-las para prender as pernas do menino.[42]

---

38 Cf. "Uncle, give me a cigarette" (Daqqa, 2023b).

39 "Certa vez, aos dez anos, e com certeza eu não parecia mais velho que isso", James Baldwin escreve, "dois policiais se divertiam zombando de mim, me revistando, fazendo especulações ridículas (e aterrorizantes) sobre minha ancestralidade e minha provável proeza sexual e, só por precaução, me deixaram deitado de bruços em um terreno baldio no Harlem" (Baldwin, 2024, p. 29).

40 Ibid.

41 Cf. Fiacc, 1979, p. 67.

42 Cf. "Uncle, give me a cigarette" (Daqqa, 2023b).

Daqqa viu um filho no menino de doze anos, um filho amedrontado e frágil. Ele queria ser seu pai, abraçá-lo e chorar pela injustiça, mas atendeu aos desejos do menino. "Escondi meus sentimentos", explicou. As crianças têm autonomia? Foi por isso que o Partido dos Panteras Negras insistiu em fornecer-lhes uma educação política?[43] Foi por isso que Daqqa e Kanafani se dirigiram a elas diretamente em *Hikayat sir azzait* e em *O pequeno lampião*?[44] A criança prisioneira que Daqqa encontrou andava na corda bamba na tentativa de provar a si mesma e aos outros que era maior do que as câmaras escuras da prisão. Ela queria conquistar mobilidade para si mesma dentro daqueles muros. A prisão é um lugar estranho para se encontrar a liberdade, mas costuma-se procurá-la ali de qualquer maneira.[45] "Eu não queria destruir a imagem do homem que ele agora queria se tornar", explicou Daqqa. "Caminhei até ele para apertar a sua mão como um camarada e um rival, perguntando: *Como vai, guerreiro?*"

Meninos podem ser guerreiros? Nós os vimos, em imagens na internet, com o rosto bronzeado franzido e o pe-

---

43 Cf. Dr. Huey P. Newton Foundation, 2008, p. 8.

44 Ghassan Kanafani (1936–1972) escrevia e ilustrava todos os anos um livro para Lamis Najm, sua amada sobrinha. *O pequeno lampião* (2022b) é um desses livros, presenteado a ela em seu oitavo aniversário. Kanafani e Lamis, que na ocasião tinha dezessete anos, foram assassinados juntos, em Beirute, com uma bomba plantada pelo Mossad no carro de Kanafani. (N. da E.)
Para saber mais sobre a literatura infantil palestina, cf. Mousa, 2020.

45 Cf. "A prisão é um lugar estranho para se procurar a liberdade, mas foi lá que eu a encontrei pela primeira vez..." (Newton, 1973, p. 99).

queno torso pressionado pelas correias dos rifles. Com cerca de doze anos, eles "sabem de cor os nomes dos mais velhos que participaram da última revolta" e sonham com heróis "cuja morte heroica ainda lhes traz lágrimas aos olhos".[46] Lemos sobre eles em Bangladesh, analfabetos e disfarçados de trabalhadores de casas de chá, explodindo campos de detenção inimigos e recebendo condecorações que não conseguem ler nem pronunciar.[47]

Crianças podem ser heróis? Lemos sobre elas em Jenin, pedalando suas bicicletas em meio a explosões e escombros para entregar comida e remédios aos feridos e sitiados no campo de refugiados.[48] Nós as ouvimos na estrada para Jericó, a voz cansada exigindo que abaixemos as janelas do carro para comprar a sua última caixa de lenços de papel. Ouvimos que se tornaram os jornalistas mais jovens do

---

46 Cf. Fanon, 2022, p. 112.

47 Shahidul Islam Lalu era uma criança guerrilheira no Mukti Bahini, um grupo de resistência de Bangladesh durante a Guerra de Libertação, em 1971. Aos dez anos, teve um papel fundamental em uma ofensiva estratégica ao bombardear e destruir dois bunkers paquistaneses em Gopalpur Upazila, no distrito de Tangail, Bangladesh. Pela sua bravura, tornou-se a pessoa mais jovem a ser agraciada com a Bir Protik, uma condecoração por bravura militar do governo de Bangladesh. Lalu nasceu em uma família de agricultores pobres de Gopalpur e era analfabeto. Apesar do reconhecimento obtido, depois que a guerra acabou, ele continuou sem saber que tinha recebido a condecoração, de acordo com Amna Ali, em uma conversa.

48 Em 2024, durante um dos maiores ataques em Jenin. Veja a entrevista de Jarrar cedida à Al Jazeera (Jarrar, 2024).

mundo,[49] elas descrevem isso como uma "responsabilidade... um dever... uma obrigação" de investigar adultos no exterior.[50] Nós as ouvimos relatando sobre suas casas roubadas e seus irmãos mortos, sobre morte iminente, sobre ressuscitação. Elas deveriam ser heróis?

Elas se dirigem a nós, mas não lhes respondemos. Falamos sobre elas na terceira pessoa, desviando o olhar quando nos perseguem com o seu. Pensamos nelas como um problema infeliz que percebemos com o canto do olho. Mas elas são um sintoma de um mundo podre, uma acusação ao mundo que criamos. Assim como os guardas da prisão "lamentando a visão de uma criança fumando", ficamos enojados com a ideia de crianças guerreiras. Quem quer ver uma garota mal-humorada jogar um coquetel molotov? Mesmo assim, continuamos a levá-la a um limite sufocante. Assim como os guardas da prisão, permanecemos "insensíveis à visão daquelas mãozinhas algemadas".

---

49 Em 2016, Janna Jihad, então com dez anos, foi descrita como "a jornalista mais jovem da Palestina". Em 2023, "usando orgulhosamente um colete de imprensa e capacete, entrevistando adultos e crianças", a menina de nove anos Lama Jamous se tornou "internacionalmente conhecida por suas reportagens sobre o genocídio em andamento em Gaza". Cf. Sarkar, 2016; Jamous, 2024.

50 Cf. Jamous, ibid.

Também sou contra uma criança – qualquer criança – segurar uma granada.[51] Mas o mundo precisa lidar com o fato de que a infância, no contexto dos oprimidos, é deformada a ponto de se tornar irreconhecível – não por causa da regressão cultural, como os colonos adoram argumentar, ou porque "ensinamos nossos filhos a odiar", mas por causa da incessante degradação que a realidade colonial impõe às crianças e às suas famílias em nosso mundo.

Haverá quem argumente que mérito e trabalho árduo podem triunfar sobre o acaso e as circunstâncias. Mas será mesmo possível escapar à própria classe? "Não era preciso ser inteligente demais", argumentou James Baldwin, "para perceber que não havia muito a fazer para mudar a própria sorte; não era preciso ser sensível demais para se chegar ao limite do esgotamento com as humilhações e os perigos incessantes e gratuitos enfrentados todos os dias..." ao viver ao lado daqueles que te desumanizam.[52] Houve muitas alegações sobre as ligações entre intervenção precoce e desenvolvimento infantil. Alegações de que se as crianças palestinas recebessem o apoio educacional e psicológico de que desesperadamente precisam, poderiam enfrentar melhor o trauma e os efeitos duradouros da ocupação militar.[53] Mas a realidade atroz da violência colonial – manifestada não

---

51 Referência ao poema "Against" [título traduzido pelo autor para o inglês]. Cf. Hussein, 1976.

52 Em "Carta de uma região de minha mente", Baldwin estava se referindo aos amigos com quem cresceu no Harlem (Baldwin, 2024).

53 Cf. "Fanon and the child: Pedagogies of subjectification and transformation" (Burman, 2016).

apenas na exposição constante a postos de controle, invasões e violência de colonos e militares, mas também nos ataques implacáveis à sua personalidade – confirma que nenhum apoio, exceto a abolição do domínio colonial na Palestina, pode proteger as crianças das cicatrizes profundas e duradouras deixadas pela erosão da vida cotidiana. *Arna's Children* vem à mente.[54]

No início do filme, vários meninos e meninas palestinos, todos com menos de oito anos, fazem arteterapia num teatro em Jenin, em algum momento do início da década de 1990. Um dos meninos está pulando, imitando um gato. "Este é Nidal", diz o narrador, "ele é o mais novo do grupo. Dentro de seis anos, durante a Intifada de Al-Aqsa, Nidal se juntará ao movimento Jihad Islâmica e será morto na luta contra o exército israelense." Apesar dos lápis de cera, das oficinas e das melhores intenções, apesar da "intervenção precoce", a brutalidade do colonizador, que devastou a sua comunidade e a sua sensação de segurança, empurrou aque-

---

54 *Arna's Children* é um documentário que retrata a vida das crianças palestinas no campo de refugiados de Jenin e seu envolvimento no grupo de teatro local, fundado por Arna Mer-Khamis. Algumas dessas crianças cresceram e se transformaram em soldados da resistência palestina. O documentário intercala a infância delas no teatro com o ato de pegarem em armas quando adultos, e, finalmente, seu martírio. Arna Mer-Khamis (1929–1995) era uma professora judia e ativista nascida no assentamento de Rosh Pinna, Alta Galileia, na Palestina ocupada. Foi fundadora da Care and Learning, uma organização de arteterapia que inspirou o Freedom Theatre, cofundado por seu filho, Juliano, no campo de refugiados de Jenin em 2006.

las crianças, ao menos a maioria delas, para a luta armada. Várias lutariam contra as Forças de Ocupação Israelenses na Segunda Intifada ou desempenhariam papéis importantes na Batalha de Jenin, em 2002.

Outro menino, de camisa listrada, ladra de brincadeira para Nidal. "Este é o irmão Yussef. Yussef é o palhaço do grupo", continua o narrador. "Dentro de cinco anos, em outubro de 2001, Yussef e o amigo... cometerão um ataque suicida em Israel."[55]

> E este é Achraf. Achraf é o melhor amigo de Yussef. Nós o chamávamos de "baixinho sorridente". Durante a Intifada de Al-Aqsa, Achraf vai liderar o grupo de combatentes na Batalha de Jenin. Conheci Achraf quando ele tinha nove anos, nas ruínas da sua casa. A casa foi destruída quando o exército israelense explodiu a casa ao lado. Era lá que seu amigo Ala morava... Dentro de oito anos, Ala se tornará o líder da Brigada de Al-Aqsa, em Jenin.

Um dos protagonistas do filme é Zakaria Zubeidi, que perdeu a mãe e o irmão, mortos a tiros pelas Forças de Ocupação Israelenses durante a Batalha de Jenin. Ele é ex-membro da Brigada dos Mártires de Al-Aqsa e uma das crianças de Arna. Em 2021, ele, junto de mais cinco pessoas, participou da lendária fuga da prisão de segurança máxima de Gilboa.[56] Em

---

55 Do filme *Arna's Children*, dirigido por Juliano Mer-Khamis e Danniel Danniel, 2004.

56 Cf. "'We are living in graves, and our demand is freedom': The Gilboa prison break one year later" (Barghouti, 2022).

uma antiga entrevista sua que ressurgiu, Zubeidi diz para a câmera: "Quero que meu filho tenha educação, que viva uma vida melhor do que a minha. Eu adoraria que ele obtivesse um diploma científico, que se tornasse médico, advogado, engenheiro; esse é o meu sonho. E vou trabalhar para alcançá-lo, mas os israelenses precisam primeiro permitir que o meu filho cresça".[57] Seu filho, Mohammed Zubeidi, entrou para a resistência. Em 5 de setembro de 2024, com apenas vinte e um anos, Mohammed, com outras quatro pessoas, foi morto pelos militares israelenses durante uma incursão em Tubas, na Cisjordânia ocupada.[58]

No exato momento que o palestino sai do útero, ele é "desinfantilizado" — atirado para longe da infância por uma "máquina que existe em todos os lugares e sempre" e tratado a um só tempo como inútil e como uma perigosa bomba-relógio.[59] O palestino é desinfantilizado na primeira vez que fala com o tio por trás de um vidro ou pergunta à tia sobre os telhados de zinco ou tenta decifrar o que foi apagado das placas na rua. Ou quando abraça o pai perto de um cilindro de concreto, dizendo a si mesmo que as explosões que está ouvindo são meros fogos de artifício. Ou quando joga

---

57 O vídeo, em árabe, é parte do arquivo da Al-Arabiya no YouTube, postado em 14 de setembro de 2021. Em setembro de 2024, a mídia israelense revelou a cooperação direta entre a Al-Arabiya e o exército israelense. Cf. "Saudi-owned Al-Arabiya in bed with Israeli army to 'shape Gaza coverage': Report" (*The Cradle.co*, 2024).

58 "IOF assassinate Zakaria Zubeidi's son, others killed in West Bank" (Al Mayadeen, 2024a).

59 Cf. Shalhoub-Kevorkian, 2019.

futebol na praia.[60] Em algum momento, a criança palestina tropeçará na frase "criança legalmente morta" usada para descrever os seus pares assassinados; um professor de Yale escreverá uma coluna no *The Atlantic* sobre como "é possível matar crianças legalmente".[61] E o atirador segue ordens.

A menina palestina é desinfantilizada na primeira vez que passa pelo posto de controle a caminho da escola e sente o peso da mão de um estranho sob sua blusa, na primeira vez que se senta ao lado da carteira vazia, antes ocupada pela colega de classe, deixando, ainda assim, mais uma rosa para ela. Ou quando pega o ônibus para casa e olha pela janela para ver outra colegial numa piscina de sangue coagulando. Ela é exilada da infância na primeira vez que pergunta sobre a fita preta na fotografia da mãe ou por que os vizinhos choram quando a parabenizam. Na primeira vez que joga pedras num mar de verde camuflado ou molha um pedaço de pano antes de enfiá-lo num gargalo, ou quando sente o casulo de aço se tornando uma borboleta dentro do seu joelho.[62] Na primeira vez que o menino palestino ouve a batida do martelo

---

60 Em 16 de julho de 2014, quatro meninos entre nove e catorze anos — Ismail Bakr, Zakaria Bakr, Ahed Bakr e Mohamed Bakr — foram mortos por fogo naval israelense enquanto jogavam futebol na praia da cidade de Gaza. Cf. Hussein, 2020.

61 Cf. "The UN's Gaza statistics make no sense" (Wood, 2024).

62 Balas expansíveis (ou balas dum-dum), coloquialmente conhecidas como "balas borboleta", são projetadas para expandir ou se despedaçar diante do impacto, cortando a carne e os ossos e criando múltiplos ferimentos profundos. A fragmentação da bala causa ferimentos internos severos, espalhando-se pelo corpo.

ou sente a frieza do aço nos seus pequenos pulsos, ele é forçado a entrar na idade adulta. Ele observa o seu reflexo numa poça de cuspe; ele encontra fios grisalhos nos seus cabelos. Ele cresce sob a lua da iluminação fluorescente, atingindo a maioridade na sala de interrogatório.

Muitos, se não a maioria, dos apelos diplomáticos e culturais feitos em favor da difícil situação palestina exploram a infância para defender nossa humanidade. Os defensores dessa tática, sejam eles maliciosos ou bem-intencionados, a racionalizam de todas as maneiras. Para alguns, explorar a infância é *uma das únicas estratégias políticas viáveis em um clima político tão hostil*, enquanto, para outros, *não se trata de política; trata-se de valores universais*. Mas nenhuma dessas racionalizações ataca o racismo que subjaz no cerne desse fenômeno. É a desumanização dos palestinos, uma Nakba de cada vez, que nos trouxe até aqui; a demonização do nosso povo, uma Intifada de cada vez; a demonização do homem palestino, em particular, que nos levou a situar nossa humanidade na infância, um estado que supostamente deveria ser divorciado da política.

Mas o que muitos deixam de levar em conta é que nem mesmo as crianças são poupadas da sede de sangue do atirador. "Espere, você está dizendo que crianças em Gaza estão sendo baleadas por atiradores?", um correspondente da CBS News pergunta ao dr. Mark Perlmutter, um cirurgião ortopédico americano que acabara de retornar de Gaza, em 2024. "Com certeza", ele responde. "Tenho fotos de duas crianças baleadas com tal precisão no peito que eu não conseguiria ser tão preciso ao colocar meu estetoscópio."[63] E se as crianças não conseguem escapar do fogo sionista, o que nos faz acreditar que, de alguma forma, em virtude da idade, elas escaparão da desumanização e do racismo do

---

63 Cf. "Children of Gaza" (Perlmutter, 2024).

aparato sionista, que desacredita os nossos acadêmicos e demoniza os nossos jornalistas? O atirador está à espreita não apenas no topo das nossas casas, mas também em salas de conferência e redações, em campi universitários e corredores de hospitais.

Em fevereiro de 2023, o Hospital Chelsea and Westminster, em Londres, sucumbiu à pressão do grupo sionista Advogados do Reino Unido por Israel (UKLFI, na sigla em inglês) e retirou uma exposição de obras de arte de crianças palestinas em idade escolar. Segundo o UKLFI, que ficou "encantado" com o resultado, a queixa ao hospital foi feita em nome de vários pacientes judeus que, de forma hilariante, irritante, "disseram que se sentiam vulneráveis e vitimizados pela exposição".[64] Adultos assalariados. Nada escapa à reação sionista: nem os livros infantis mais dóceis, nem os pratos de cerâmica pintados por crianças em Gaza, nem os acadêmicos condecorados, nem eu.

Não sou mais criança, e a infância não pode mais servir como etos da minha argumentação. Como todo homem palestino, sou visto através de uma lente fundamentalmente racista, não por minhas palavras ou meu caráter. Em qualquer campus que visito, sou recebido com carinho, é claro, mas também com panfletos, artigos de opinião e declarações que buscam me desacreditar como porta-voz sobre a

---

64 Cf. "Hospital removes Gaza artwork from hospital corridor" (UKLFI, 2023).

Ocupação, apesar da minha vida como sujeito ocupado.[65] Então, se eu nem sempre consigo falar, quem consegue? Se Edward Said não consegue pegar o microfone, se nossas crianças não conseguem pegar o microfone, quem consegue? Quem tem permissão para narrar?

---

65 Em 2023, proferi a palestra "Vítimas Perfeitas", na Universidade Princeton, em um auditório cercado e cheio de policiais. Houve múltiplos artigos, declarações e panfletos protestando antes mesmo do início do evento.

Em muitos livros, particularmente na época...
eu podia sentir o narrador falando por cima do meu ombro
com outra pessoa, falando com alguém branco. Dava para notar
porque estavam explicando coisas que não tinham que
explicar se estivessem falando comigo.
Toni Morrison[66]

Epifanias miraculosas – volta e meia um sionista aparece e diz uma. Pode ser um político se gabando: "Estamos agora implementando a Nakba de Gaza",[67] ou dizendo que "Beirute deve queimar",[68] ou defendendo o direito de um soldado estuprar prisioneiros palestinos.[69] Não é preciso ir fundo para descobrir uma abundância de retórica genocida, racista e expansionista vinda de figuras públicas israelenses e instituições nacionais. Basta ligar a televisão israelense, traduzir postagens aleatórias em hebraico nas redes sociais ou ler veículos de notícias sionistas. Tais declarações nem sempre são proferidas com tamanha insolência e arrogância. Às vezes, é uma revelação prudente ou uma admissão acidental vinda diretamente da boca da fonte que confirma aquilo que vínhamos dizendo o tempo todo.

---

66 Cf. entrevista cedida a Charlie Rose (Morrison, 1998).

67 Avi Dichter, ministro da agricultura israelense e membro do gabinete de segurança, em entrevista cedida ao Channel 12 (Dichter, 2023).

68 Ex-ministro das Comunicações e membro do Knesset, Yoaz Hendel, em setembro de 2024.

69 Quando questionado se era legítimo "enfiar um galho no ânus de uma pessoa", Hanoch Milwidsky, um membro do Knesset, respondeu: "Se ele é um [militante do Hamas], tudo é legítimo! Tudo!".

De vez em quando, um jornal sionista liberal publica uma manchete confirmando que "Israel é um Estado colonial de assentamento"[70] ou publica um artigo de opinião de um ex-procurador-geral que afirma: "Estabelecemos um regime de apartheid nos territórios ocupados".[71] Alguns ex-ministros também alertaram, preocupados com a sua colônia de assentamento, que suas políticas são violentas, despóticas e, mais importante, insustentáveis.[72] As páginas dos diários e manifestos dos antepassados do sionismo estão repletas de admissões semelhantes. Para mostrar que o sionismo transforma o antissemitismo em arma, citamos Herzl,[73] que disse: "Os antissemitas se tornarão nossos amigos mais confiáveis, os países antissemitas serão nossos aliados".[74] Para justificar nossa resistência, citamos um autoconsciente Jabotinsky,[75] que es-

---

70 Cf. "Israel is a settler-colonial state – and that's o.k." (Degani, 2016).

71 Cf. "The war's seventh day" (Ben-Yair, 2002).

72 "Se chegar o dia em que a solução de dois Estados fracasse, e tivermos que enfrentar uma batalha como a sul-africana por direitos eleitorais iguais, então, assim que isso acontecer, o Estado de Israel estará acabado." Ehud Olmert, ex-primeiro ministro de Israel em entrevista ao jornal *Haaretz* (Olmert, 2010).

73 Nascido em Peste, Hungria, Theodor Herzl (1860–1904) foi um dos mais destacados pioneiros do sionismo. É conhecido por ter escrito *Der Judenstaat* [*O Estado judeu*], em 1896, e por formar a World Zionist Organization, em 1897, por meio da qual promoveu a colonização da Palestina.

74 Cf. "June 12, 1895" (Patai, 1960).

75 Vladimir Jabotinsky cofundou o Irgun, grupo paramilitar sionista responsável pelo bombardeio do Hotel King David, em Jerusalém, em 1946, e pelo massacre de Deir Yassin, em abril de 1948.

creveu em russo que os palestinos "olhavam para a Palestina com o mesmo amor instintivo e verdadeiro fervor com que qualquer asteca olhava para o seu México ou qualquer sioux para as suas pradarias". Que não há precedente de "qualquer colonização que tenha sido realizada com o consentimento da população nativa... As populações nativas, civilizadas ou não, sempre resistiram teimosamente aos colonizadores".[76]

Tais revelações são ocasionalmente impulsionadas por um senso de urgência moral — um sobrevivente de Auschwitz dirá: *Nunca mais para qualquer um*; um jovem *refusenik* se oporá publicamente à ocupação. Ou talvez um senso de superioridade moral: um colono na Palestina fará um filme sobre outros colonos, piores do que ele, que riem enquanto dão seu testemunho sobre o que aconteceu em Tantura, onde eles enterraram nossos ancestrais em valas comuns, um massacre que narramos há décadas, com lembranças viscerais, nos nossos filmes, romances e canções, nas nossas histórias orais. Em outras ocasiões, é o remorso que os leva ao confessionário: um soldado sente uma pontada na consciência e decide quebrar seu silêncio após uma longa carreira mutilando crianças ou caçando manifestantes por esporte. Ele se manifesta, sob imunidade legal, é claro, a respeito de todos os atos hediondos que cometeu nas nossas cidades e nos campos de refugiados. Ele não consegue dormir, sofre de transtorno do estresse pós-traumático (TEPT), e, por isso, naturalmente, embarca numa turnê de palestras em universidades, onde é recebido com aplausos

---

76 Cf. Vladimir Jabotinsky, "The Iron Wall" (1923), citado em Sabbagh-Khoury, 2023.

e chavões. Ele professa seus pecados no confessionário de um palco bem iluminado, e o público — ileso, entretido —, concede-lhe indulgência plenária. Quanta coragem.

Somos obcecados por tais solilóquios. Na literatura e na mídia, em muitos círculos ativistas e da sociedade civil, somos rápidos em citar essas pessoas: os pioneiros sionistas, os políticos desbocados, os soldados que atiram e choram. Corremos para invocar as *epifanias milagrosas* tardias das organizações israelenses de direitos humanos, as epifanias de ex-ministros que corroboram as nossas antigas alegações. Mas, por mais que as pessoas gostem de ouvir as coisas "direto da fonte", nem sempre essa fonte é confiável. As autoridades israelenses são proficientes e altamente treinadas na arte do fingimento. São maestros da hipocrisia e das meias-verdades. Propensos a escorregar em momentos de fúria televisionada, também são capazes de avaliar bem o ambiente em que se encontram. De justificar assassinatos e roubos usando as entrelinhas. De venerar a guerra com uma linguagem estonteantemente robusta. E eles têm feito isso há décadas. Ouvi muitos discursos sobre paz e coexistência enquanto bombas de gás lacrimogêneo enchiam a nossa cozinha de fumaça.

Ainda assim, quando Bezalel Smotrich[77] afirma que "não existe povo palestino", ele é refutado — até a Casa Branca tem

---

77 Um idiota queimado de sol. Ministro das Finanças de Israel e cofundador da Regavim, uma organização de colonos que trabalha para expandir os assentamentos na Cisjordânia, defende a demolição de aldeias palestinas. Ele se autodenomina "homofóbico fascista". Sua família é da Ucrânia.

algo a dizer a respeito.[78] Seus comentários negacionistas são uma afronta à comunidade internacional, ao passo que o desenraizamento real do povo palestino é algo natural; que sejamos invisibilizados por meio de políticas e procedimentos, que nos sejam negados tanto nosso passado quanto nosso futuro, tudo isso é protocolo padrão. É a articulação do *de facto*, não o *de facto* em si, que desencadeia o soluço diplomático. O que há nas palavras, *nas palavras deles*, que carrega tanto significado?

Sou natural de Jerusalém, quer Jabotinsky admita ou não. E ler Herzl não é pré-requisito para entender que os sionistas colonizaram a Palestina. Basta olhar ao redor para ver as ruínas de incontáveis aldeias despovoadas, as escavadeiras e as bandeiras recém-erguidas, para encontrar as provas onipresentes da limpeza étnica bem na sua cara. Sei que sionistas e antissemitas são irmãos de armas; lembro-me disso toda vez que Netanyahu e John Hagee se abraçam.[79] Eu poderia contar a você, em detalhes vívidos, sobre a Nakba dos meus avós e a minha; assim como os libaneses poderiam contar sobre o massacre de

---

78 Cf. "Israeli minister says there is 'no such thing as Palestinian people', inviting US rebuke" (Gold et al., 2023).

79 John Hagee é um pastor americano e televangelista. É fundador e presidente da organização cristã sionista Christians United for Israel. Hagee, que uma vez disse em um sermão que Hitler fora enviado por Deus para "caçar" "os judeus", é convidado com frequência por grupos sionistas para falar em atos pró-Israel. Apesar de ter dito "judeus irão sofrer no inferno pela eternidade", ele é abraçado por pessoas como Netanyahu. Cf. Mathis-Lilley, 2018.

Sabra e Chatila, sobre a invasão de 1982 e a invasão que está sendo executada enquanto escrevo estas palavras; assim como os egípcios poderiam contar sobre a Guerra de Atrito, em 1969, e o bombardeio da escola primária de Bahr al-Baqar, em 1970; assim como os iraquianos poderiam contar sobre os bombardeios de Bagdá na década de 1950. Vejo as chamas devorando as nossas cidades. Ouço os gritos há muito ignorados dos nossos prisioneiros políticos, submetidos aos tipos mais perversos de violência, e espero que o correspondente israelense "divulgue" a história que jornalistas palestinos divulgaram uma, duas, tantas vezes antes. Por que conferimos autoridade à narrativa daqueles que nos assassinaram e nos expulsaram, quando a escassa culpa que sentem torna a honestidade improvável? Por que esperamos que aqueles que empunham os cassetetes confessem, se os nossos corpos machucados contam toda a verdade?

Quando falamos desses horrores, inerentes à ideologia sionista, somos considerados, na melhor das hipóteses, impetuosos e emocionados e, na pior, raivosos e odiosos. Na realidade, somos simplesmente narradores confiáveis. Digo que somos narradores confiáveis não porque somos palestinos. Não é a partir de uma base identitária que devemos reivindicar a autoridade para narrar; somos narradores confiáveis porque a história nos diz que aqueles que oprimiram e que monopolizaram e institucionalizaram a violência, não contarão a verdade, muito menos assumirão a responsabilidade.[80]

---

80 Trechos dessa passagem foram publicados anteriormente em "The right to speak for ourselves" (El-Kurd, 2023i).

Ou seja, para cada procurador-geral que diz: "Israel é um Estado de apartheid", há uma dúzia de outros que argumentarão que se trata da "única democracia no Oriente Médio". Para cada *refusenik*, há um jovem europeu que se voluntariará alegremente para servir nas Forças de Ocupação Israelenses. Para cada sobrevivente israelense do Holocausto que se opõe ao genocídio em Gaza, há outro que abraça o neto quando este embarca rumo a uma série de assassinatos no sitiado e faminto campo de concentração.

Palestinos só podem falar por si mesmos — ou ter alguém falando por eles — se lançarem mão de dispositivos retóricos astutos, bajulação e endossos favoráveis. Essas práticas dominam as instituições ocidentais há décadas, produzindo um discurso amordaçado e indigno e mantendo os esforços de luta por direitos sob rédea curta. Numa situação hegemônica que é hostil aos palestinos, recorre-se a uma abordagem estereotipada para falar sobre a Palestina. Escritores e cineastas, por exemplo, frequentemente começam seus ensaios ou documentários denunciando o antissemitismo. Os mais experientes escolhem uma tática mais sutil: apresentar ao espectador um membro do Neturei Karta vestindo um *shtreimel* e uma *kuffiyah* ou iniciar a jornada do leitor em Yad Vashem. Nesses projetos, a análise toma habitualmente como fonte correspondentes israelenses liberais e comentaristas ocidentais, e a história citada neles é escrita por acadêmicos israelenses. Eles confirmam, corroboram e verificam, enquanto nós alegamos e reivindicamos. Nós fornecemos o material bruto do qual eles extraem seus relatos autenticados.

Sei disso em primeira mão e vivenciei isso quase todos os dias quando chegava da escola. Pesquisadores de campo e estudiosos de direitos humanos eram hóspedes constantes na nossa casa em Cheikh Jarrah, comendo maqluba da nossa mesa todas as sextas-feiras, ansiosos para ver as imagens, muitas vezes impressas em cartazes, de soldados agredindo a minha avó, de vizinhos atingidos por gás lacrimogêneo, da minha tia numa maca. Eles estavam ansiosos para saber qual era o impacto psicológico de viver sob ocupação militar, ávidos para ouvir as histórias de abuso verbal e sexual que sofremos por parte dos colonos. Mas assim que eu tentava oferecer alguma análise, ficava com a sensação de que eles paravam de ouvir: a análise estava reservada aos "verdadeiros especialistas". Só eles tinham permissão para auditar e interpretar nosso trauma; só eles tinham permissão para enquadrar e abstrair.

Essa fórmula está difundida em todos os meios — e é tão fácil de identificar que chega a ser deprimente. Criei o hábito de ler a lista de obras citadas em livros sobre a Palestina antes de ler os livros propriamente ditos, incluindo os de autores palestinos, e a lista de referências em geral é previsível: Ilan Pappe ou Benny Morris, dependendo da orientação política, Ir Amim, Breaking the Silence e Yesh Din, Anistia Internacional e Human Rights Watch, *Haaretz* e +972, *Jerusalem Post* e *Times of Israel*, e alguns veículos de comunicação ocidentais. Com sorte, a lista incluirá um ou dois acadêmicos palestinos mortos. Na verdade, esse modelo resulta em livros ruins e tediosos.

Existem, é claro, diferenças importantes entre um *refusenik* que não derramou sangue e um soldado arrependido encharcado dele; diferenças ideológicas entre Ilan Pappe e Benny Morris. Não faço nenhum esforço aqui para comentar a qualidade ou a utilidade das intervenções fornecidas pelos nomes e organizações mencionados acima. Estou interessado em questionar o que leva a essa política do apelo. A premissa de que judeus, israelenses e ocidentais são menos tendenciosos ou mais verdadeiros é totalmente infundada, pois pressupõe que eles não têm nada a perder. E a ânsia de citar continuamente suas instituições é, em termos de debate, *argumentum ad verecundiam*.

O argumento de autoridade como técnica persuasiva, neste caso, é falacioso porque não apela à autoridade deles como organizações de direitos humanos, mas, acima de tudo, à sua autoridade enquanto instituições judaicas (ou europeias ou americanas). Um popular apresentador de televisão pergunta: "Será que a B'Tselem, uma aclamada organização *israelense* de direitos humanos *composta de judeus israelenses*, é antissemita por acusar Israel de criar um 'regime de apartheid'? E o que dizer da Yesh Din, outra organização *israelense* de direitos humanos *composta de judeus israelenses*?"[81] Aqui, o crime do apartheid, que se manifesta por meio da dominação racial sistêmica, fica em segundo plano. O debate passa a ser a respeito do seguinte: se é possível caracterizar o Estado colonizador nesses termos sem cometer um crime que, hoje, é mais brutal e devastador do que o apartheid: o preconceito contra o povo judeu. Se esse raciocínio capcioso é "estratégico", o que isso revela sobre o nosso mundo?

Uma explicação poderia ser a de que o autor (ou documentarista, ou estudante do ensino médio fazendo uma apresentação) reconhece a existência de um preconceito consciente ou subconsciente que impede os destinatários de assimilarem os testemunhos palestinos, ou seja, que o autor, em sua própria avaliação, reconhece que seus leitores são racistas. Nesse caso, segurar um espelho diante do rosto do leitor é uma escolha difícil, e a opção mais popular acaba sendo

---

81 Cf. "Saying Israel is guilty of apartheid isn't antisemitic. Just ask these Israeli leaders" (Hassan, 2021). Grifo do autor.

mimá-lo. No entanto, a estratégia de favorecer vozes não palestinas pouco faz para contornar o preconceito antipalestino do leitor. Em vez disso, reifica esse preconceito e as estruturas de poder que o engendram, consolidando a impressão de que as vozes palestinas são suspeitas ou inferiores.

A ausência de produtores de conhecimento palestinos em tais projetos não é uma prova da inferioridade da produção de conhecimento palestino, mas *acusa* o apagamento que perpassa persistentemente todos os segmentos — apagamento esse que é fruto da recusa a se envolver com historiadores palestinos como Aref al-Aref, Salman Abu Sitta e Rosemarie Janet Said Zahlan, que descarta organizações como Al-Haq, Addamir e Adalah. Ele reflete o racismo que cita primeiro as autoridades israelenses, e que oferece a tribuna (e o microfone) apenas aos palestinos que sobreviveram a tragédias de proporções épicas, exigindo que façam todo tipo de concessão e de mea-culpa. Um racismo que nos expurga da bibliografia.

Quando os palestinos finalmente chegam a essas obras, na tela ou na página, são representados como vítimas, não como protagonistas ou personagens complexos. Não somos agentes da história; a história pisa nos nossos corpos. Nossa resistência é obscurecida, nossas linhagens são desfiguradas. Oferecemos o nosso sangue e os nossos hematomas como provas, relatando as nossas calamidades sem comentá-las, para apoiar a tese do autor. Nós nos tornamos seus objetos — organizados em exposições sem contexto, editorializados para que nelas chafurdemos ininteligivelmente. "Sem legendas, sem explicações." Essas palavras foram a resposta da ONU a um pedido de Edward Said para pendurar fotografias de palestinos no saguão de entrada da Conferência Internacional sobre a Questão da Palestina de 1983, em Genebra. A ONU, onde Said trabalhava como consultor na época, concordou com a ideia, mas com a condição de que "nenhuma palavra escrita fosse exibida [com as fotografias]. Sem legendas, sem explicações".[82]

Talvez, outra razão subjacente à nossa dependência de tais dispositivos retóricos — tanto a ornamentada *expertise* ocidental quanto o testemunho palestino desvirtuado — seja, simplesmente, que isso é o que vende. Foi desorientador, embora elucidativo, perceber que a defesa da Palestina, como todas as coisas, está encrustada no capitalismo e é moldada por ele. Foi desorientador perceber que há um mercado para o nosso sofrimento, algo que, para muitos, talvez já fosse bastante evidente. Nessa realidade, não apenas os símbolos culturais e nacionais palestinos são mercantilizados, mas o próprio palestino se torna uma mercadoria; e o público, é claro, é o consumidor. O mercado exige que fabriquemos uma versão bem cuidada do palestino, destinada a servir a um propósito primeiro: entreter. Para se sustentar, essa indústria de ativismo mercantilizado torna-se tristemente dependente de um conjunto de frases testadas e aprovadas, da criação de mitos e espetáculos sensacionalistas que satisfazem no consumidor um anseio quase lúbrico.

Pense no gênero de israelenses e palestinos fazendo filmes juntos. O cineasta palestino é levado como um acompanhante ao festival de cinema, autorizado a subir no palco como o ca-

---

82 Cf. Said, 1999, p. 3.

rismático coadjuvante do seu competente coautor. Ninguém — nem o produtor do festival, nem o colunista que escreve uma crítica — parece se importar com o *conteúdo* do filme, se é bom ou ruim. O que mais importa é que o filme foi *codirigido*, um formato que satisfaz um impulso libidinal nos espectadores. Eles escutam uma conversa proibida, uma reconciliação excitante entre o assassino e o morto. Discussões sobre o filme, críticas, a forma como é promovido e os nossos discursos entusiasmados e superficiais uns para os outros tornam-se masturbatórios, reduzindo o filme ao fato de ser uma colaboração entre um israelense e um palestino, realizando a fantasia do espectador de um final feliz para uma história que, de outra forma, seria uma desgraça. Nós a transformamos em fetiche.

Nossos poetas, ao que parece, às vezes podem desafiar as regras desse jogo, chegando aonde nenhum porta-voz ou acadêmico jamais chegou. Ainda assim, desempenham uma função exclusivamente ornamental. Acadêmicos usam poetas palestinos para estetizar suas pesquisas; eles são colocados nas epígrafes de livros de não ficção que se baseiam fortemente em estudos israelenses e ocidentais. Talvez o exemplo óbvio aqui seja Mahmud Darwich, o poeta palestino mais citado e um dos mais brilhantes. Raramente encontramos o Darwich que diz aos colonizadores: "Não passem entre nós como insetos com asas/... soquem seus dramas num buraco abandonado e vão embora/... [é hora] de morarem onde quiserem, mas não entre nós/... de morrerem onde quiserem, mas não entre nós".[83] Ou o Darwich

---

83 Do poema "Efêmeros em palavras efêmeras". Cf. Darwich, s.d. (N. da E.)

que alerta: "Mas se eu passar fome/ comerei a carne do meu usurpador".[84] Na verdade, essa frase é frequentemente mal traduzida. Eles arrancam as presas do poeta antes de recitá-lo. Qual é o custo psíquico de criar a própria autoimagem olhando para um reflexo distorcido e manipulado?

---

84 Do poema "Documento de identidade". Cf. Darwich, 2025. (N. da E.)

Um grande perigo de confrontar o enigma da autoria reside na tentação de fazê-lo com soluções fáceis ou atalhos identitários. Tais abordagens podem parecer a resposta óbvia, mas simplificar demais uma equação, despojando-a das suas variáveis, acabará tornando sua solução ainda mais complexa. De que servem os comentaristas palestinos se eles estão recitando o mesmo aborrecido roteiro? De que serve um palestino na redação de um veículo de mídia quando a Palestina – tanto como geografia quanto como luta anticolonial – inexiste no seu manual de estilo? De fato, quando são os palestinos que regurgitam propaganda colonial e argumentos racistas, refutá-los se torna uma tarefa mais complexa. Há uma linha tênue entre a representação – particularmente as reduções liberais em torno da representação – e a reprodução do palestino como um fetiche ou um token, ou seja, mais uma vez, como um sujeito desumanizado.

E o pior, como outros contextos já nos mostraram, é que a má interpretação da política de identidade inevitavelmente nos leva a um caminho escorregadio rumo à sua captura pela elite.[85] Disfarçada de progresso, a inclusão superficial permite que poderes entrincheirados mantenham o controle num status quo perpétuo e lucrativo. As demandas radicais do nosso movimento e as necessidades básicas do nosso povo são então diluídas em reformas ineficazes a serviço dos interesses da elite ocidental e até mesmo da elite palestina. À medida que o número de

85 Cf. Táíwò, 2022.

mortos aumenta em Gaza e que os produtores de conhecimento palestinos e pró-palestinos no Ocidente são cada vez mais censurados e criminalizados, restam nichos limitados, mas reais, nos quais a Palestina emerge como uma moeda de capital social. Os espertos e os sinistros podem facilmente explorar tal fenômeno, não para pressionar por mudanças estruturais ou emancipação coletiva, mas para alcançar vitórias individualistas às custas das classes desfavorecidas — incapazes de manipular o sistema da mesma forma.

Para abordar a questão da autoria, devemos ser leais à rua palestina. Não me escapa que corro o risco de apelar ao populismo ao usar uma linguagem como "leal à rua palestina", o risco de aderir à mesma política identitária que acabei de denunciar. Mas o que exijo aqui é um compromisso com uma análise material da questão palestina, uma compreensão estabelecida, nutrida pelas próprias ruas onde as notícias acontecem, pelas pessoas cujo corpo assassinado aparece com destaque nos nossos documentários e reportagens, mas cuja experiência e conhecimento são deixados de lado para dar lugar a fontes ocidentais.

Criticar a mídia e as corporações de ensino superior que agem como megafones para os nossos inimigos e boicotá-las se necessário é apenas parte da tarefa — o desafio é fortalecer e expandir as nossas próprias iniciativas jornalísticas e acadêmicas. É claro que há corrupção, restrição de acesso e uma impressionante falta de recursos. No entanto, "subdesenvolvida" não é a única expressão para descrever nossa infraestrutura. Ela também é criativa. Teimosa. Sem filiação. Por exemplo, jornalistas cidadãos na Faixa de Gaza sitiada – geralmente tratados como *fixers* por seus colegas internacionais – mudaram a narrativa global e o fizeram basicamente sem apoio institucional. Primeiro, contornando os obstáculos burocráticos da mídia tradicional e, segundo, diminuindo a distância psíquica entre os sujeitos das notícias, os repórteres por trás das notícias e os consumidores das notícias. Podemos e devemos criar uma prática que seja enraizada na dignidade: em que não tentamos convencer o açougueiro a largar a faca, como temos feito nas últimas décadas; em que a audiência crítica e a leitura crítica sejam essenciais; e em que o palestino não seja apenas um objeto estratégico (num filme ou num artigo), mas um protagonista soberano cuja história real, não importa como seja recebida pelo público estrangeiro, é relatada com precisão. Nossos testemunhos têm peso, sejam eles publicados em sites israelenses ou não. Nossas tragédias são reais, independentemente de serem transmitidas ou não. Acima de tudo, a luta palestina pela libertação é heroica – sem carecer de qualificações. Não devemos esperar que o *Haaretz* ou o *The New York Times* cheguem às epifanias milagrosas que há muito chamamos de verdades comuns. Devemos purgar da nossa mente o prestígio deles, o prestígio que torna a certificação que o *Times* dá a um relato de uma testemunha ocular mais valiosa do que o próprio relato.

Há muitas maneiras de descrever o que estou reivindicando: decolonizar a imprensa ou controlar os meios de produção. Embora se possa atribuir a isso uma abordagem reducionista e focada na identidade – aquela que assevera "Nada sobre nós sem nós" –, para mim é muito mais simples.

Engajar-se numa produção de conhecimento enraizada no respeito por si mesmo, por seu povo e sua arte. Com artistas e defensores que se recusam a se tornar secretários de Estado.)[86] Com contadores de histórias que triunfam acima dessa fórmula enfadonha, escapando do olhar colonial. Conosco conversando uns com os outros.

---

86 Uma versão dessa passagem foi publicada anteriormente em "The Stenographer Party" (El-Kurd, 2023h).

Devo esclarecer que não estou dizendo que não devemos mais utilizar fontes ocidentais, nem peço a autores não palestinos que se abstenham de escrever sobre a Palestina. Também entendo o fascínio dos discursos espontâneos e desvairados de figuras públicas israelenses e dos diários genocidas de pioneiros sionistas. E reconheço que jornalistas e cineastas israelenses frequentemente têm acesso incomparável a arquivos, às vezes arquivos de documentos palestinos roubados, que os palestinos nem sonham em poder ver, e a entrevistados que ririam de nós se tentássemos contatá-los. O apelo de judeus antissionistas que compartilham suas histórias de doutrinação também não me escapa, visto que as comunidades de onde provêm são frequentemente antipalestinas demais para ouvirem palestinos de verdade.

No entanto, o racismo dessas comunidades deve ser combatido de frente. Se alguém pretende buscar credibilidade na raça, na identidade religiosa ou na nacionalidade, sejam sua ou de seus objetos, tem o dever político de deixar clara a sua fundamentação para utilizar tais políticas identitárias como arma. Digam de modo explícito: citamos as epifanias dos colonos não porque sejam milagrosas, mas porque o público rejeita os palestinos e não quer se envolver significativamente com eles; citamos o apresentador de *talk show* celebrando o grande número de mártires em Gaza porque o cidadão americano e o presidente americano caluniam a credibilidade do Ministério da Saúde da Palestina. Sejam claros: estamos instrumentalizando imagens obtidas por meio de um jornalismo raso; estamos apostando no nosso privilégio racial; fazemos referência ao estudioso israelense do genocídio porque, antes de tudo, ele é israelense. O dever político a que me refiro envolve desregulamentar as estruturas racistas que elevam um testemunho em detrimento de outro com base em critérios puramente identitários; é preciso nomeá-los, desafiá-los e se recusar a perpetuá-los.

Simplificando, peço um pouco de humildade. Os produtores de conhecimento ocidentais ou aqueles que usam vozes ocidentais na sua produção de conhecimento devem se perguntar: onde os palestinos se encaixam neste trabalho? Eles têm algum protagonismo ou são uma ferramenta para transmitir a mensagem? Minhas práticas cinematográficas são extrativistas? Como posso praticar a autoria responsável? Incuti no meu projeto elementos suficientes para incentivar meu público a consumi-lo de modo crítico, ou estou me autocongratulando? Estou realizando a desafiadora tarefa de falar com a minha comunidade intolerante e rancorosa, abordando a minha tia sionista à mesa de jantar, ou estou pregando — na verdade, falando lisonjeiramente — para convertidos? Eu realmente precisava ir "ver com meus próprios olhos" ou ignorei um século de literatura palestina? Estou ciente de como essa recusa em me envolver com a produção de conhecimento local e popular continua a minar seu valor no cenário mundial, minando também o valor e a autoridade da narrativa palestina? Tenho uma análise de classe no meu trabalho? Reconheço que recebo prêmios por dizer coisas semelhantes às que levaram o movimento estudantil a ser criminalizado, suspenso e censurado? Menciono o meu apoio institucional? Quais são as condições materiais e monetárias daqueles cujas vozes eu amplifico? Estou apenas fazendo referência a pessoas mortas? Como é a minha página de obras citadas?

8 Somos mesmo todos palestinos?[1]

Sobre identidade

Era hora de ouvir coisas e conversar...
agora o sol e o chefe tinham ido embora...
Zora Neale Hurston[2]

A festa dos estenógrafos aconteceu num prédio elegante de Manhattan, e os convidados presentes, imagino, comeram vitela e trocaram elogios exagerados. Era necessário congratulá-los, e eu, assim como outros escritores e jornalistas, mais de cem deles, esperava do lado de fora para fazer isso. A cerimônia estava prevista para acabar às 21h30, mas os honrados convidados, provavelmente sabedores da nossa presença, demoraram para deixar o evento. Fazia-nos companhia o batalhão antiterrorismo da polícia nova-iorquina. Eram mais de dez horas da noite quando relutantemente os

---

1 Este capítulo incorpora trechos de dois dos meus ensaios publicados anteriormente em *Mondoweiss*, "The Stenographer Party" (El-Kurd, 2023h) e "Are we indeed all Palestinians?" (El-Kurd, 2024c).

2 Cf. Hurston, 1990, p. 1.

convidados começaram a sair, em smokings e vestidos de gala, e nós os recebemos com alguns gritos de guerra, sendo o meu favorito: "Façam seu trabalho, falem a verdade!".

Era esdrúxulo que o Prêmio Internacional de Liberdade de Imprensa do Comitê para a Proteção dos Jornalistas de 2023 fosse oferecido pelo *The New York Times* – a mesma instituição que publicara um editorial contra o cessar-fogo em Gaza, num momento que as Forças de Ocupação Israelenses, à época do nosso protesto, haviam matado trinta e sete jornalistas palestinos e um cinegrafista libanês. (O número, no momento que escrevo, em março de 2024, é cento e setenta e cinco.)[3] Acabei chegando à conclusão de que não era esdrúxulo, mas sim uma metáfora sensata, embora sarcástica, do jornalismo ocidental. A metáfora se expandiu quando comecei a ver vários jornalistas, inconfundivelmente muçulmanos, entrando e saindo da cerimônia. Era como se a presença deles, assim como a de Obama na Casa Branca, desmentisse as alegações de racismo sistêmico da instituição. Eu trocava olhares com alguns deles. Alguns me ofereceram sorrisos que só posso descrever como constrangidos e fugiram do local.

Não quero julgar as razões pelas quais eles não se juntaram às nossas fileiras. Talvez tenha sido um reflexo nervoso, ou vergonha, ou a ausência de um convite caloroso da nossa parte. Talvez eles estejam em outro lugar, politicamente fa-

---

3 Número de jornalistas assassinados, de acordo com o Escritório de Mídia do governo de Gaza. Cf. "Palestinian journalist killed in Israeli bombing after threats to end Gaza coverage" (Hussaini, 2024).

lando. Talvez alguns quisessem participar dos protestos, mas, no fim das contas, acreditaram que seria má ideia pegar um dos cartazes expondo o conselho editorial do *Times* e gritar conosco. Quem sabe. Movimentos de protesto são geralmente reverenciados no passado, quando suas demandas radicais já se tornaram uma norma entediante. Em tempo real, porém, são liderados por estraga-prazeres e saqueadores que não entendem que estão sendo inconvenientes.

Será cínico presumir que, ao decidir convidar muçulmanos, o *The New York Times* deu tanto importância ao seu mérito profissional quanto à sua identidade religiosa e racial? A representação muçulmana naquele jantar, num momento de crescente desconfiança em relação às corporações de imprensa, poderia sinalizar que os cânticos sobre racismo e cumplicidade eram infundados — se houvesse alguma verdade nessas acusações, os muçulmanos e os árabes certamente teriam boicotado a festa dos estenógrafos. Agora, tal festa se torna uma métrica, separando os jornalistas raivosos dos jornalistas razoáveis e sérios que podem criticar o *Times* ocasionalmente, mas sempre com educação.

Eu também gostaria de ter o melhor de dois mundos. No entanto, existe uma dissonância, uma dissonância capaz de minar a sua credibilidade, quando você cede a instituições que acusa de parcialidade e cumplicidade. Isso faz com que aqueles de nós que adotam uma postura baseada em princípios, que dizemos: *Não nos envolveremos até que vocês cessem suas omissões e invenções, até que parem de mimar nossos opressores com a voz passiva, até que desmantelem seus padrões desumanizadores, até que nos tratem como iguais dignos de confiança* —, pareçamos adolescentes ingênuos. Ingênuos por rejeitar o bilhete dourado, a validação e os lugares-comuns. Ingênuos por rejeitar milhões de leitores, mesmo que tais leitores exijam que os editores mutilem as nossas vozes até se tornarem irreconhecíveis. Entendo a atração de uma aceitação generalizada. Além da atenção, isso ajuda a pagar o aluguel e ainda sobra um pouco.

Dizemos a nós mesmos que não são as aspirações carreiristas que nos levam à festa dos estenógrafos, e sim, que queremos mudar as coisas de dentro para fora. Entramos nessas salas e bajulamos — e somos bajulados — para garantir um lugar à mesa. É por um bom motivo que trocamos de pele para sermos assimilados pelo mundo que nos invisibiliza: quando obtivermos respeitabilidade e proteção, enfim usaremos nosso rosto real. No entanto, rapidamente descobrimos que o interior está podre e que também corremos o risco da decadência. Quando tivermos proteção institucional, desejaremos permanecer protegidos. E quando tivermos um pouco de dinheiro, desejaremos mais riqueza. Quando voltarmos a nós mesmos depois de uma longa carreira e nos empenharmos em procurar nos nossos armários a pele que um dia vestimos, iremos encontrá-la enrugada e empalidecida, estranha a nós, assim como somos estranhos a ela. Alguém poderia dizer que é algo estratégico — mas sabemos o que as ferramentas do mestre não farão.

As instituições da grande mídia, cuja aprovação buscamos tão desesperadamente, jamais nos aceitarão como parte delas. Não vão nos absolver. Além das microagressões, da censura e da edição a que nos submetem enquanto dormimos, se tiverem a oportunidade, elas irão até mesmo dar cobertura aos vilões nas nossas histórias. E elas já o fizeram.

Quando as forças israelenses mataram Issam Abdallah, que fazia uma reportagem no sul do Líbano, a mídia se comportou como sempre, repetindo narrativas oficiais do Estado israelense e ofuscando relatos de testemunhas oculares e jornalistas locais. Mesmo a Reuters, empregadora de Abdallah, só nomeou os militares israelenses como culpados semanas após o assassinato.[4] Nossa imagem, seja numa lista, num cabeçalho ou entre aspas, é uma moeda neste mundo de abuso de identidade, e é explorada para legitimar e diversificar esses estabelecimentos cúmplices, para protegê-los contra acusações de preconceito e racismo, enquanto nos abandonam quando a situação aperta, quando as algemas são colocadas nos nossos pulsos.

Há quem argumente que alguma proximidade com a instituição é melhor do que proximidade nenhuma. Existe verdade na afirmação de que afiliações com publicações respeitadas ou organizações ricas podem nos oferecer um pouco mais de proteção contra a perseguição. Mas a que custo? Será que queremos viver num mundo em que a nossa prisão só fará barulho se formos pessoas espetaculares para os padrões ocidentais, com artigos em revistas de alto nível e currículos repletos de reconhecimento americano e europeu?

---

4 Issam Abdallah (1986–2023) foi um vídeo-jornalista libanês. Em 13 de outubro de 2023, ele foi morto em serviço por disparos de tanques israelenses no sul do Líbano. Em 29 de outubro, a Reuters reconheceu que Abdallah foi morto por um ataque "vindo da direção da fronteira israelense", citando uma investigação da Repórteres Sem Fronteiras. Cf. Reuters, 2024.

Prenderam Omar no aeroporto, e esse, meu amigo me disse, era "o lado bom". Ele sabia que estava sendo procurado, mas estava apavorado com a ideia de que invadissem a sua casa e o prendessem no seu quarto, o que é mais traumatizante do que ser preso durante os rotineiros e humilhantes interrogatórios aguardados ao pousar em Tel Aviv. Omar ficará preso administrativamente, sem acusação ou julgamento, pelos próximos quatro meses. Em tese, eu deveria escrever "pelos próximos quatro meses *pelo menos*", porque a ordem de prisão pode ser renovada indefinidamente, mas não consigo pensar nessa possibilidade desoladora, muito menos no que podem fazer com ele, ou estão fazendo.

"Não tem nada que a gente possa fazer", disseram outros amigos quando sugeri uma campanha pela libertação de Omar. Quando alguém é preso administrativamente — repito, um refém sem acusação ou julgamento —, não há pressão pública capaz de influenciar o comandante militar a revogar sua decisão. "Nem Haia."[5]

Além disso, ele desprezaria a imagem de cartazes, protestos e postagens em mídias sociais dedicados exclusivamente a ele, já que odeia a individualidade inevitável de campanhas desse tipo. Embora ele possua todas as qualificações necessárias para seduzir um público ocidental a se solidarizar: a história única, o currículo respeitável, o caráter santo. Mas milhares em masmorras sionistas enfrentam o mesmo destino desconhecido. E centenas de milhares de vidas in-

---

5 Cf. "Netanyahu defiant that 'not even the ICJ will stop us'" (Middle East Monitor, 2024).

teiras, não apenas a liberdade, foram dizimadas, pulverizadas nos últimos meses. A maioria delas sem nome e jamais lembradas. Histórias singulares, especialmente quando contadas de forma imprudente, tendem a isolar o indivíduo do grupo, santificando o primeiro e demonizando o segundo. Histórias singulares tendem a situar fora da política as atrocidades provocadas pelo homem, reinventando-as como desastres naturais inexplicáveis. Omar foi preso justamente porque recusou tal singularidade. Como as acusações contra ele permanecem sigilosas, seguindo os protocolos da prisão, só tenho como especular que foi a sua presença resoluta nas ruas, durante protestos, e o apoio oferecido aos presos, que o puseram no campo de visão do inimigo.

Enquanto Ramallah dormia, ou era entorpecida ou anestesiada até a paralisia política, Omar estava entre as poucas centenas que se mantinham acordados na cidade adormecida, protestando, gritando e enviando sinais de fumaça desesperados para Gaza: *Você não está sozinha*. A geografia mutilada da nossa terra não conseguia separar Omar (nem aqueles que estavam com ele) do resto do nosso povo. Seus olhos vigiavam Gaza, parando apenas para encarar aqueles que desviavam o olhar.

Ele teria se recusado a servir de diversionismo: não tiraria o foco dos que sobrevivem de ração animal ou costuram os membros dos entes queridos nos seus corpos roubados. Sua prisão é apenas um sintoma de uma condição muito mais ameaçadora. Esse também foi um lado positivo. Acreditar nisso, digerir essa clareza moral e política, é mais fácil para o estômago do que admitir a própria impotência ou, pior, a própria covardia sórdida.

Foi há alguns anos, nas ruas de Ramallah, quando a cidade estava alerta e agitada, que fiz uma piada mórbida. Nizar Banat, espécie de líder político dissidente, tinha sido assassinado por uma unidade especial das forças de segurança da Autoridade Palestina.[6] Protestávamos aos milhares e éramos espancados por cassetetes palestinos. O gás lacrimogêneo usado pelas forças da AP em Ramallah lembrava dolorosamente o gás lacrimogêneo usado pela polícia contra nós em Jerusalém. (A conexão entre as duas forças, evidentemente, não é simbólica. A unidade especial que assassinou Banat obteve permissão israelense para ir de uma "Área A" em Ramallah para uma "Área C" em Hebron, onde ele morava, para matá-lo. Assim como acontece com a polícia, com a inteligência e com os órgãos de defesa civil financiados e treinados pelos Estados Unidos e por vários países europeus, esta unidade da Autoridade Palestina age em colaboração com os israelenses. "Sagrada" foi a palavra que Mahmoud Abbas usou para descrever a sua vergonhosa colaboração com o colonizador, naquilo que ele chama de "coordenação de segurança".)

"Levante, levante, levante a sua voz", nós cantávamos, "quem canta não morre!" "Ironicamente", eu disse para a minha amiga, "ele morreu porque cantou." O único meio que tenho para lidar com a brutalidade é rir dela. Minha amiga não achou graça. Nizar morreu porque estava sozinho, ela

---

6 As forças de segurança da Autoridade Palestina foram estabelecidas como parte dos Acordos de Oslo, em meados dos anos 1990.

me repreendeu. Meu comentário foi, de certa forma, uma alusão vulgar aos versos de Amal Danqal:

> Estou pendurado na forca da manhã
> e minha cabeça foi abaixada pela morte
> porque, vivo, eu não a abaixei.[7]

Danqal parecia insinuar que o carrasco pouparia apenas aqueles que enterravam a cabeça na areia.

"Eles não podem matar todos nós", ela disse. Se todos – advogados, médicos, merceeiros, empresários, professores, zeladores, revendedores de carros, traficantes de drogas – estivessem cantando, continuava o argumento, nada poderia nos matar, nem o gás lacrimogêneo de fabricação americana lançado contra nós pelas forças de segurança da AP, nem as balas, também americanas, disparadas contra nós por soldados que ostentam a Estrela de Davi nos uniformes. Se isso é verdade, que "o povo unido jamais será vencido", ainda não se sabe. O que é verdade, uma verdade enervante, sem dúvida, é que nosso dilema não tem a ver com vitória ou derrota; trata-se, isto sim, do simples fato de que não há desculpa para nos escondermos no nosso silêncio seguro enquanto nossos irmãos são massacrados. Quão amarga, quão vergonhosa é a sobrevivência se conquistada apenas na solidão?

---

7 Do poema "The Last Words of Spartacus", traduzido por mim [para o inglês]. Cf. Danqal, 2012, p. 83.

Somos realmente todos palestinos, milhares e milhões de palestinos, como cantamos nas ruas de Nova York e Londres?[8] Tenho me feito essa pergunta sem parar, obsessivamente. Dois anos atrás, eu teria dito, teria mesmo declarado, que o cimento das barreiras militares israelenses não passava disso, de cimento, e que seu único peso era simbólico. As fronteiras coloniais, por mais que eles tentem, não rompem e não teriam como romper os laços sociais e nacionais que mantêm unidas as nossas cidades isoladas. Nossos diferentes documentos – documentos de viagem, passaportes, *laissez-passers*, ou a falta deles – são meras palavras numa página, incapazes de nos dividir.

Aqueles dispersos atrás de muros e arame farpado, eu teria dito, ainda podem se unir pelo coração. No entanto, eu caminho por essas metrópoles, protestando – existe repressão, embora ainda não haja gás lacrimogêneo –, e Omar está numa cela em uma das prisões da Ocupação, nas quais pelo menos sessenta prisioneiros políticos palestinos foram martirizados desde o 7 de outubro.[9] Em Khan Yunis, homens de moletom são baleados no peito, na cabeça, em meio à coragem do seu último ato, seja correndo em direção a um Merkava[10] ou fugindo em busca

---

8 Não tenho nenhum problema com o grito de guerra em si; acho que é muito bonito.

9 Cf. "Ministry of prisoners: 36 Gazan prisoners die of torture in Israeli prisons" (Palestinian Information Center, 2024).

10 *Merkava*, que significa "carruagem" ou "trono" em hebraico, é o nome de uma série de tanques de batalha usados exclusivamente pelas Forças de Ocupação Israelenses. É considerado uma das melhores máquinas blindadas dentre as armas de guerra do planeta.

de relativa segurança. No campo de refugiados de Chatila, em Beirute, um avô vive e morre assombrado por visões da sua antiga casa perto da praia, lembranças tão viscerais a ponto de ele quase sentir o cheiro do mar. Em Jerusalém, me preocupo com a casa da minha família, com o meu irmão a caminho do trabalho e com a polícia que adora atirar. Outros lugares podem muito bem ser outros planetas, cada um com a sua própria causa principal de morte.

No Naqab, beduínos palestinos são arrancados e substituídos por pinheiros alemães. Em Silwan, as Forças de Ocupação Israelenses demolem casas para cumprir uma fantasia bíblica. Em Cheikh Jarrah, a limpeza étnica se disfarça de "disputa imobiliária". Em Beita, colonos constroem postos avançados no topo das colinas, tendo soldados ao seu lado. Em Masafer Yatta, um juiz da Suprema Corte israelense — ele próprio um colono na Cisjordânia ocupada — decide expulsar milhares de palestinos das suas terras ancestrais, as quais habitam e cultivam há gerações. Do butim, a terra segue sendo — indiscutivelmente — a parte mais valiosa.

A arquitetura do deslocamento levada a cabo pelo regime israelense usa diversos métodos, mas todos têm um único objetivo: controlar a maior quantidade de terras possível, mantendo o mínimo possível de palestinos, sem disparar alarmes internacionais — seja inventando "disputas imobiliárias"; demolindo casas construídas "sem autorização"; roubando terras ao declará-las "zonas militares", "sítios arqueológicos", "ambientalmente protegidas" ou "devolutas"; ou simplesmente impedindo que comunidades palestinas cresçam, isolando-as e rompendo seus laços sociais e econômicos com as cidades vizinhas. O projeto sionista sempre criou narrativas para legalizar e justificar a substituição do nativo pelo colono.[11]

Se você percorrer de carro toda a extensão da nossa acidentada geografia, encontrará escombros em vários pontos. Às vezes, são os escombros de uma casa em Jerusalém, demolida uma ou mais vezes ao longo das últimas décadas. Outras vezes, são ruínas de um vilarejo, despovoado em 1948 e agora mal ocultado por uma floresta de pinheiros plantada pelo Fundo Nacional Judaico. Às vezes, são os escombros de uma casa crivada de balas nas colinas de Golã, território sírio ocupado por Israel, que ruiu durante a invasão de 1967. Outras vezes, são escombros de um prédio residencial bombardeado durante um dos ataques à Faixa de Gaza sitiada – em 2008, 2009, 2012, 2014, 2019 ou 2021, ou hoje. Ou, caso você esteja lendo isso dentro de alguns anos, podem muito bem ser os destroços de Silwan, Masafer Yatta e Naqab, cidades ainda movimentadas, porém sob ameaça.

Ao percorrer essa paisagem, você provavelmente vai se deparar com cidades e campos de refugiados onde verá cartazes de nossos mártires pregados em todos os muros. Será difícil decifrar as datas em alguns deles, mas dá para adivinhar quando foram colados, observando sua condição: se estiverem imaculados e vibrantes, foram recém impressos; se estiverem quebradiços e desbotados, danificados pela chuva, pela sujeira ou pelas balas perdidas, e descolando das paredes, podem ser de alguma época anterior – da Segunda Intifada ou de uma das Intifadas que vieram depois. Muitos dos ros-

---

11 Algumas linhas deste capítulo também apareceram em "In every corner of Palestine, there is a story of dispossession" (El-Kurd, 2022a).

tos, provavelmente a maioria, serão desconhecidos para você, mortos que não chegaram às notícias internacionais – mortes marcadas apenas por efêmeras manchetes locais. Se você parar para ler, talvez encontre retratos de um pai e de um filho dividindo a mesma parede, de um tio e de uma sobrinha, às vezes no mesmo ano, às vezes em gerações diferentes.

Para os palestinos, a Nakba é implacável e recorrente. Ela acontece no presente – e em todo lugar do mapa. Nenhum centímetro da nossa geografia é poupado, não se poupou nenhuma geração desde a década de 1940. Para a minha família, a Nakba foi a minha avó sendo expulsa de Haifa pela Haganah em 1948 – mas também as histórias que ela contava e que me alertaram sobre o que seria inevitavelmente o meu destino quando os colonos com sotaque do Brooklyn, apoiados pelo exército, tomaram conta de metade da minha casa em Cheikh Jarrah em 2009, declarando que a minha casa, por decreto divino, era deles. Para outras famílias, a Nakba começou quando uma querida avó foi expulsa de Yafa e buscou refúgio em Gaza, onde continua sob o estrondo dos aviões de guerra que lançam bombas em campos de refugiados superlotados e onde ela apresenta aos netos a primeira (ou talvez terceira ou sexta) guerra da sua vida. Serão deles os rostos nos cartazes ainda não impressos.[12]

A fragmentação não é meramente simbólica; ela nos transformou em um milhão de pessoas vivendo em um milhão de estados ao mesmo tempo. Alguns de nós estão morrendo de fome, alguns estão bem alimentados. Alguns estão desempregados,

---

12 Trechos dessa passagem apareceram em "Reflections on the 75th anniversary of a Nakba that never ended" (El-Kurd, 2023d).

outros ascendem na hierarquia. Nos últimos anos, um segmento da nossa sociedade, ou pelo menos daquilo que resta dela, pagou um preço mais alto e teve mais sangue derramado do que o resto, um detalhe que não pode ser simplesmente ignorado. Em outros tempos, seria fácil me distanciar das classes que há tanto tempo desprezo e invejo, as elites, os burgueses e aqueles para quem a Palestina é uma metáfora estética. Mas uma nova classe emergiu no estreito inferno da Faixa de Gaza: os famintos e aqueles que são repetida, contínua e implacavelmente despossuídos, e é impossível ser mais do que um mero espectador impotente, impossível pertencer a essa classe, pelo menos sem que haja hematomas, sem que haja sacrifício.

É tentador, quase reconfortante, sobretudo quando vejo comida sobre a minha mesa e um teto sobre a minha cabeça, entregar-me à culpa, mas esse é um sentimento improdutivo; não gera revoluções. A culpa se impõe como uma cárie incômoda; você está perfeitamente consciente da sua presença, mas continua enfiando os mesmos doces na boca, até que os seus dentes apodreçam, até você se autodestruir.

Nesses últimos tempos, venho sendo assombrado por um refrão mais sutil, porém mais letal, uma percepção indesejada: Gaza tem o direito de nos abandonar, de nunca nos perdoar, de cuspir na nossa cara. Quantas guerras enfrentou? Quantos mártires forneceu? Quantos corpos lhe foram roubados, arrancados do abraço dos seus pais? E quantos de nós gaguejamos ao sermos questionados sobre resistência, ou negamos ou renunciamos totalmente ao nosso direito de resistir, à nossa *necessidade* de resistir? Quantos de nós preferimos a nossa carreira aos nossos parentes? Quantos de nós poderíamos ter feito algo – qualquer coisa – e não fizemos?

Desde o 7 de outubro de 2023, muitas figuras públicas, muitas delas palestinas, especialmente no Ocidente, reconsideraram, chegaram mesmo a renegar, a catarse que sentiram ao ver as imagens de "escavadeiras palestinas" derrubando partes da cerca israelense que isola Gaza. (Coloquei "escavadeiras palestinas" entre aspas porque é uma frase inacreditável.) Muitos se arrependeram de ter celebrado a fuga daqueles que usaram parapentes para sair do campo de concentração. É o caso de perguntarmos se os latentes pedidos de desculpas foram movidos por cálculos comerciais.

O mundo ocidental, com as suas destacadas instituições culturais e acadêmicas, rejeitou o levante de Gaza contra o cerco e exigiu que a nossa intelectualidade agisse do mesmo modo. Recebemos ordens de manter o status quo (um status quo que muitos criticamos discursivamente e que se tornou a base das nossas carreiras) a fim de manter nossas posições, nosso acesso, nossa reputação como "aqueles que são bons". Submeter-se à lógica colonial que difama a violência dos oprimidos e faz vista grossa para a violência do opressor tornou-se o preço da admissão. Alguns pagaram esse preço sem hesitação; outros sofreram ao fazê-lo.

Ou talvez esse seja um fenômeno mais inocente do que o carreirismo astuto, pode ser que estejamos simplesmente com medo. O medo está à nossa volta. Infestou redações e campi e invadiu nossos apartamentos e locais de culto. Nos forçou a murmurar baixinho as palavras que deveríamos entoar. Aqueles de nós que estão ao lado dos "filhos das trevas" serão chantageados e colocados na lista proibida. "Ou vocês estão conosco ou com os terroristas", dizem chefes e líderes mundiais para aqueles que ouvem, semeando o medo nos corações.

Será essa ansiedade baseada em ameaças reais? Ou o inimigo conseguiu lançar mão das suas políticas de alarmismo para sufocar as massas? O que é esse medo, afinal, quando comparado ao medo de morrer de fome, de ser esmagado por um tanque militar, de ser sufocado sob os destroços, de ser o único sobrevivente da sua família, do seu coração se partir pela milionésima vez? O que é esse medo senão mero teatro?

Eu também sinto medo. Quando ouvi as notícias sobre Omar, muitos me disseram que eu não deveria voltar para casa ou seria algemado como ele. Mas mesmo dentro da minha casa de vidro, posso dizer, com certeza, que não existe espaço para medo ou silêncio.

Então, eis-nos aqui na hora final, que enfim chegou. A tarefa é difícil, ou difícil de definir. Não estou pregando de uma tribuna: falo sufocado pelo peso da minha própria impotência, tentando descobrir o que devo fazer, tentando descobrir *o que* estou fazendo. Muitas vezes me perguntam, em entrevistas e em campi universitários, que papel a literatura desempenha no movimento de libertação palestino. Embora a pergunta não seja subversiva, certamente soa assim. Qual *é* o papel da literatura? A quem ela serve, aqui, no mundo anglófono, em saguões de hotéis sofisticados e auditórios universitários sofisticados, a planetas de distância dos rifles improvisados dos campos de refugiados? É difícil dizer. É difícil imaginar o que pode um poema diante do cano de uma arma.

Há algum tempo arrasto amigos para debates enervantes sobre o meu dilema. Qual é o papel da produção cultural numa luta de libertação, na nossa luta de libertação, para ser mais exato? Um amigo, mobilizador político, me disse que "a arte não pode existir pela arte", que ela deve servir a um propósito maior na luta. Outro, cantor, argumentou que artistas são mais eficazes quando transmitem narrativas individuais, em vez do que ele chamou de "slogans abstratos da causa". Outra disse que acredita no rifle e apenas no rifle. Outros apontaram para alguns dos grandes poetas e escritores que elaboraram o discurso que regurgito hoje e perguntaram como posso ser um cínico e um papagaio ao mesmo tempo.

Normalmente, ofereço a minha anedota padrão: Rachid Hussein escreveu seu poema sarcástico "Deus é um refugiado" em protesto contra a Lei de Terras de Israel, aprovada em 1960, que proíbe a venda ou a transferência de terras "estatais" (caso de 93% de todas as terras confiscadas em 1948), e a Lei de Propriedade dos Ausentes de 1950, que permitiu ao governo israelense apropriar-se das propriedades de refugiados palestinos espoliados na Nakba. O poema não só documentou o roubo de terras pelos sionistas, como ajudou a catalisar uma greve geral de fazendeiros e proprietários de terras. Et cetera. Ofereço as respostas fáceis: artistas conscientizam globalmente e alimentam as massas localmente.

Isso certamente vale para o sionismo que, nas palavras de Ghassan Kanafani, "empregou [a literatura] extensivamente não só em esforços de propaganda, como em campanhas políticas e militares".[13] A "marcha disciplinada da literatura sionista, cujo ritmo era ditado pelo movimento político, avolumando-se a cada romance e a cada história", certamente serviu ao seu projeto colonial na Palestina.[14] Artistas, escritores, intelectuais, diplomatas, jornalistas, acadêmicos, aqueles que operam na esfera pública, podem influenciar e têm influenciado a opinião pública internacional em muitos casos ao longo da história. Mas, às vezes, sou tentado a dizer o contrário. A dizer que tudo não passa de ilusão, que depois de todos os poemas, ensaios e discursos, o status quo segue sem um arranhão.

É cada vez mais difícil resistir a essa tentação. Quanto mais sou elogiado com adjetivos pela minha escrita, mais lembro que esses elogios são exagerados e sem sentido, especialmente porque outros não recebem o mesmo reconhecimento, mesmo tendo sofrido — e mesmo que ainda

---

13 Cf. Kanafani, 2022a, p. 1.

14 Ibid., p. 4.

estejam sofrendo – atrás das grades e em leitos de hospital, mesmo tendo sacrificado seus membros ou a própria vida. E especialmente porque o sentimento superficial de que "existência é resistência" continua em voga.[15] Não se enganem: a existência de Mahfutha Chtayyeh, agarrando-se às suas oliveiras diante das escavadeiras, é resistência. A existência de palestinos enfrentando a expulsão em Silwan, Cheikh Jarrah e Masafer Yatta, enfrentando o apagamento nos campos de refugiados do Líbano etc., é resistência. Mas e aqueles dentre nós que têm mais mobilidade e acesso? Como nossas contribuições podem transcender gestos identitários simbólicos? Repito, é difícil imaginar o que pode um poema diante do cano de uma arma.

---

15 Não confundir com a organização Existência é Resistência.

Ouço que devemos honrar os nossos mártires, mas o que realmente significa *honrá-los*? Testemunhar, seja lá o que isso queira dizer, não basta, pelo menos não por si só. Nem bastará honrá-los com cantilenas retóricas e slogans vazios e pseudorradicais. Lembro sempre as palavras do falecido Bassel al-Araj: "Se você quer ser um intelectual, precisa estar engajado" — embora eu tenda a argumentar que a palavra árabe para "engajado", *muchtabik*, carrega uma conotação muito mais militante. "Se você não quer estar engajado, se não quer confrontar a opressão, seu papel como intelectual é inútil."[16]

O grito de guerra segundo o qual *somos todos palestinos* deve abandonar a metáfora e se manifestar materialmente. Ou seja, todos nós — palestinos ou não — devemos incorporar a condição palestina, a condição de resistência e recusa na vida que levamos e ao escolher quem está ao nosso lado. Isso significa rejeitar a cumplicidade neste derramamento de sangue e a inércia quando confrontados com todo esse sangue. Em outras palavras: Gaza não pode estar sozinha em seu sacrifício.

Mas a tarefa é difícil. Temos como derrotar o sionismo e acabar com o seu reinado monstruoso? É ainda mais difícil de definir: a fragmentação significa que serão exigidas de nós coisas diferentes, em locais diferentes. Os desafios e as circunstâncias que enfrentamos são díspares. Temos como rever-

---

16 Parte dessa passagem apareceu anteriormente em "What role does culture play in Palestinian liberation?" (El-Kurd, 2023e). As palavras de Bassel al-Araj, em árabe, são de uma apresentação gravada no Zedne Club em 25 de dezembro de 2016.

ter os efeitos da fragmentação? A luta coletiva parece impossível num mundo hipercapitalista e hipervigilante. Uma lógica inescrupulosa nos diz que a disciplina política é uma arma ineficaz, que os nossos esforços são vãos. E sacrifícios pessoais (deixar um emprego, autoimolar-se e as milhares de coisas possíveis entre esses dois extremos) podem parecer fúteis, porque esmagam quem os faz e mal afetam o status quo.

Mas não se trata do status quo deles. E sim do nosso. Trata-se do nosso relacionamento conosco e com as nossas comunidades. Os poucos momentos de reflexão antes de cair no sono, o breve encontro com o espelho pela manhã, quando nos perguntamos: Quais são os nossos pretextos, as nossas pretensões que nos absolvem de participar da história?

Aqui estamos, em planetas diferentes, em realidades diferentes. Afirmações que incluem "dever" ou "obrigação" correm o risco de ser depreciativas e míopes. No entanto, não posso deixar de pensar que este momento de grande importância nos convoca a expandir o limite do que é aceitável, exige que renovemos o nosso compromisso com a verdade — que a pronunciemos sem hesitação, sem pudores, *com inteligência* —, não importa em qual sala de conferências, não importa na cara de quem. Essa coragem é exigida de nós agora, não quando jardins tiverem crescido sobre os túmulos dos nossos mártires, não quando os escombros tiverem sido varridos e esculpidos em memoriais, e não quando os coletes ensanguentados dos nossos jornalistas caídos estiverem expostos em vitrines para a posteridade. Aqueles de nós que detêm plataformas, com algum nível de proteção, com algum capital social ou real, devemos ousar mudar a cultura e não simplesmente falar sobre a necessidade de mudar a cultura. Porque Gaza não pode lutar contra o império sozinha. Ou, para usar um provérbio amargo que a minha avó murmurava ao assistir ao noticiário da noite: "Perguntaram ao Faraó: 'Quem fez de você um faraó?' Ele respondeu: 'Ninguém me impediu'".

9 "Você quer jogar os israelenses ao mar?"

Do lado da recusa, uma linda manhã surgirá.
Mahdi Amel

Em 1973, um parlamentar britânico chamado Christopher Mayhew ofereceu cinco mil libras como recompensa para quem provasse que o segundo presidente do Egito, Gamal Abdel Nasser, tinha realmente declarado sua intenção de "lançar os judeus ao mar".[1] Depois, Mayhew ampliou seu critério e incluiu qualquer documentação de declarações genocidas dadas por líderes árabes. Ele considerou inautênticas todas as citações que recebeu. Não demorou muito para que um candidato que exigia a recompensa, um estudante judeu de vinte e dois anos, processasse Mayhew e o processo acabou no Tribunal Superior.[2] O caso foi arquivado depois que o advogado do estudante admitiu que a declaração fornecida

---

1 Cf. HC Deb. [House of Commons Debate], 1973.

2 Cf. "Mayhew Action Dropped" (Weltsch, 1976, p. 3).

por seu cliente, uma citação do primeiro secretário-geral da Liga Árabe, "não era genocida".[3]

Mayhew chamou o tropo de "apócrifa".[4] Ainda assim, por mais apócrifa que a frase seja, é comum me perguntarem se quero jogar israelenses ao mar. A questão persiste há décadas, feita como uma acusação contra palestinos e aliados da nossa causa. Quase sempre, quando subo ao palco, seja onde for, essa pergunta é uma convidada esperada, embora indesejada. Esteja eu repetindo o meu refrão irritante de sempre sobre o sionismo ou falando a um auditório sobre "processo criativo" (ou seja, estimulantes e sedativos), alguém dá um pulo da cadeira se atrapalhando para fazer a pergunta de um milhão de dólares, esperando para ver se a minha resposta confirmará o seu preconceito. Para ser mais preciso, me perguntam *por que* quero jogar israelenses ao mar, não *se* quero jogar israelenses ao mar. Que eu tenha uma intenção genocida já é dado como certo. Não se trata exatamente de uma dúvida; é uma tentativa de me implicar na visão de mundo do inquisidor. Uma visão de mundo onde sou um árabe selvagem e patologicamente assassino.

Os termos "israelenses" e "judeus" são geralmente usados de maneira intercambiável por aqueles que fazem a pergunta e são irrefutavelmente vistos como intercambiáveis. A responsabilidade de fazer uma imaculada distinção entre as duas coisas cabe a mim. O fardo da pedagogia. Mas nenhuma dessas palavras — "se", "por quê", "israelenses",

---

3 Ibid.

4 Cf. HC Deb., 1973.

"judeus" — é o que mais me interessa. Nenhuma delas desempenha o papel principal nessa frase. A palavra mais reveladora é "quer". Querer não é política, nem procedimento, nem presente, nem material. Querer é ter esperança, é ansiar. A lógica colonial diz que, se eu tivesse esse mero *desejo* no meu coração; se eu *fantasiasse* sobre vinganças caricatas, isso em si negaria o meu clamor por justiça. Sendo assim, qualquer relato das injustiças que testemunhei e suportei não é confiável. A brutalidade do colonialismo, a própria brutalidade que é institucionalizada e legalizada, pode então ser escusada ou mesmo justificada, caso eu *quisesse* tal reviravolta. Desejos desse tipo, segundo críticos que leem mentes, perduram profundamente na nossa psique e deveriam desacreditar os palestinos. Nossos anseios impugnam a nossa situação difícil. O problema aqui não é que os nossos inimigos empreguem essa tática ilícita (é o que os inimigos fazem), mas que nós nos submetamos a ela. Tentamos refutar a difamação em vez de repudiá-la. Aplacamos essa lógica falaciosa em vez de dizer: *Mesmo que* — mesmo que! — *meus sonhos fossem os seus piores pesadelos, quem é você para roubar meu sono?*

Imaginar a Palestina sem colonos, imaginar um céu sem drones é, no imaginário sionista, genocida. Se nos ativermos ao "desejo" presente na acusação, à noção de que *os palestinos querem matar todos os judeus*, perceberemos que o sionismo está em guerra com o nosso futuro. Está em guerra com a nossa capacidade de articular, ainda que somente em poemas e cânticos de protesto, um futuro no qual o sionismo não reine. Afinal, nos últimos cem anos, o sionismo nos colocou numa condição de constante despossessão e morte prematura; a nossa Nakba perdura e se renova. Estamos sitiados num eterno e inescapável tempo presente.

Mas nos seus sonhos, o palestino que vive preso próximo ao mar, sem poder nadar devido aos postos de controle, que passou anos atormentado pela umidade salgada na sua cozinha no verão, atormentado por velhas fotografias da casa dos seus avós ainda de pé na praia, esse palestino nada no Mediterrâneo, declarando: "Este mar é meu".[5] Nos seus sonhos, o palestino caminha de Bethlehem a Jerusalém sem interrupções, colhendo peras espinhosas pelo caminho, cantarolando: "Este ar marítimo é meu".[6] Nos meus sonhos, volto à Palestina do futuro.[7] Volto para "o que era meu: meu

---

5 Do poema "Mural". Cf. Darwish, 2017, p. 54.

6 Ibid.

7 O falecido Walid Daqqa disse certa vez numa entrevista: "Não quero retornar à Palestina do passado, à Palestina Mandatária, onde estão os cactos, as romãs e os moinhos de água, porque ela simplesmente só existe na memória. Quando a Palestina se torna romântica, o Direito de Retorno se torna utópico, e essa romantização do retorno nos distancia do próprio retorno. Quero retornar à Palestina do futuro, na qual a identidade nacional coletiva deve espelhar a geografia de toda a pátria. Os Acordos de Oslo cederam parte da pátria em troca do Estado, e os seus signatários substituíram o Retorno pela história do retorno. O retorno, nesse sentido, era folclórico... Esse inchaço linguístico expressa a incapacidade de libertar os prisioneiros, então, nessa direção, anseio pela pátria ou pela memória que criaremos. Anseio pelo futuro, pelo lar que construirei. Lá, reorganizarei a memória num lugar de minha escolha".
بيروت حمود، الأسير منذ ٣٤ عامًا وليد دقة: ـوسلو قسّم الفلسطينيين وشعبنا سيحاكم هذه القيادة، الأخبار، ١١/نيسان/٢٠١٩

ontem./ O que será meu: o distante amanhã".[8] Não há sirenes, nem colonos, nem revistas íntimas sob os postes de luz, e eu não paro para me perguntar por quê. Isso, na imaginação sionista, é genocídio.

---

8 Do poema "Mural", incluído na coletânea *Unfortunately, It Was Paradise* (Darwish, 2003, p. 161).

A ironia de projeções coloniais desse tipo não passou despercebida. Não só porque os israelenses são aqueles que efetivamente cometem um genocídio televisionado, mas também porque, nos inúmeros comentários genocidas feitos por autoridades israelenses nos últimos meses, muitos invocaram o mar. Dizem que Netanyahu teria defendido o uso do "píer" temporário construído pelo Pentágono em Gaza [em 2024] para transferir palestinos à força para outros países.[9] Semanas antes, a ministra israelense encarregada do avanço da condição da mulher disse a um âncora de TV, que balançava a cabeça assentindo: "Não me importo com Gaza, literalmente não me importo. Por mim, eles que simplesmente saiam e vão nadar no mar. Quero ver cadáveres de terroristas em torno de Gaza. É isso que eu quero ver".[10] Em 1992, Rabin, o amado "Soldado da Paz" do Ocidente, disse: "Eu gostaria de acordar um dia e descobrir que Gaza afundou no mar".[11] Eu seria capaz de inundar as páginas seguintes com citações semelhantes.

Instintivamente, pode-se argumentar que toda acusação é uma confissão, ou mostrar com clareza que colonizador e colonizado são governados por dois conjuntos de regras — qual seria a resposta diplomática caso, digamos, Mahmoud Abbas proferisse essas mesmas palavras?[12] O que acontece-

---

9 Cf. "War on Gaza: Netanyahu 'suggests new US-built port could help deport Palestinians" (Middle East Eye, 2024).

10 Cf. Golan, 2024.

11 Yitzhak Rabin em Jerusalém, em setembro de 1992, para uma delegação do Instituto Washington para Política do Oriente Próximo.

12 Na realidade, é difícil imaginá-lo dizendo qualquer coisa com tal vigor.

ria com a carreira e a reputação de um palestino se entoasse a mesma toada? Onde está a liberdade de expressão? A duplicidade é gritante. Mas apontar padrões duplos, embora seja uma ferramenta eficaz de radicalização, não é um programa político sustentável e de longo prazo. E as palavras deles devem ser levadas em conta quando suas medidas e ações falam por si próprias?

A retórica sionista não está no topo da minha lista de prioridades. Não me interessa restringir a tolerância psíquica do público israelense. *Eles que tenham aquilo que os ajude a dormir à noite*. Que os nossos inimigos embalem os filhos com canções recheadas de mitos que os ajudam a sobreviver ao pesadelo vizinho, no caso, nós, é algo que não me diz respeito. Não me importa se nos contos populares israelenses sou um "animal humano", ou se eles sonham em me afogar no Mediterrâneo. Minha preocupação é que eles tenham o poder de concretizar as suas fantasias, fábulas e teologia. Eles contam com as ferramentas para transformá-las numa realidade macabra, assim como fizeram na Faixa de Gaza sitiada. Só me importo com os sonhos deles porque eles os levaram ao Knesset.

Afinal, somos os vilões nas suas histórias, a trama dos seus pesadelos. Pois existimos em universos opostos: no nosso, eles arrasaram as nossas casas e saquearam as nossas cidades, nos transformaram em populações de refugiados e amputados; no deles, agimos sem razão, esfaqueando colonos e sequestrando soldados, lançamos foguetes sobre as suas prósperas colônias muradas. Nossos motivos são uma questão obsoleta. Por que suas prósperas colônias estão cercadas pela pobreza é uma pergunta que duvido que eles se façam. O colono está se iludindo. O olhar do colono ignora as ruínas sobre as quais a sua cidade foi erguida. Na visão periférica do colono, os escombros serão sempre onipresentes e discretos, mas ignorados, como os olhos fazem com o nariz.

Na imaginação sionista, somos os agressores, os invasores. E embora Ben-Gurion[13] possa dizer aos seus discípulos: "Não ignoremos a verdade entre nós... politicamente, nós somos os agressores e eles se defendem... O país é deles",[14] a maioria dos israelenses, criados num coro diferente, ignora a verdade. Eles acreditam que a Palestina é deles por decreto divino e que nós, "os filhos das trevas", a roubamos deles. Esse aforismo, por mais absurdo e a-histórico que seja, não se deixa enfraquecer pela verdade: existe a despeito dela.

---

13 David Ben-Gurion (1886–1973), nascido David Grün, judeu polonês considerado um dos fundadores nacionais do Estado sionista. Foi o primeiro primeiro-ministro de Israel, entre 1955 e 1963.

14 Citado em Chomsky, 1983, p. 91.

Yasser Arafat inventou os palestinos na década de 1960 para serem um espinho no pé dos judeus, ou é o que afirma o ditado. *Israel está se defendendo* é outra parábola mitológica.[15] Embora para mim a afirmação seja tola, para muitos ela é sagrada. Portanto, pareceria imprudente sorrir. Zombar de falsas convicções muitas vezes as fortalece, argumentam alguns. Quando você diz a um crente que o ídolo dele é inanimado, a pedra do ídolo se transforma em carne diante dos seus olhos. Aquilo que é suprimido apodrece; aquilo que é silenciado se torna mais ruidoso; reatância psicológica, e assim por diante. Mas há duas falhas nesse argumento: primeiro, mesmo com a melhor das intenções, a crença é muito menos determinística e imparcial e muito mais maleável do que gostaríamos; em segundo lugar, o argumento pressupõe que o autor das calúnias seja o público-alvo da minha resposta. Mas esses indivíduos, autorizados pelas suas habilidades telepáticas a me chamar de genocida, que acreditam que sou parte de um povo falso e inventado, não vão mudar de ideia caso se demonstre que eles estão errados. Certamente não no auditório onde o inimigo está falando. Certamente não quando o seu objetivo é o caos, e não a reconciliação.

Mesmo que levemos em consideração a possibilidade de que os provocadores na multidão de fato acreditem nas besteiras que vomitam, subestimamos drasticamente o quanto a incredulidade pessoal, a filtragem seletiva e a tendência à

---

15 Para ler mais sobre mitos israelenses, cf. "Myth: Israel is defending itself" (Decolonize Palestine, s.d.).

confirmação distorcem a maneira como os doutrinados recebem, classificam e retêm as informações. Esquecemos que a crença tem pouco a ver com a verdade. As pessoas tendem a acreditar no que é poderoso, convincente, e não no que é sincero. A verdade, aquilo que é factual e historicamente preciso, é irrelevante diante das narrativas dominantes e institucionalmente disseminadas que forjam a sua verdade. "Os conquistadores, meu filho, consideram como história verdadeira apenas aquilo que eles próprios fabricaram."[16]

Quando confrontado com perguntas tendenciosas ou capciosas na esfera pública, é imperativo lembrar que há um público a quem se dirigir: todos os tipos de pessoas — curiosas, simpáticas, céticas, receptivas, indecisas —, pessoas com quem você precisa falar tanto com palavras quanto com linguagem corporal. Uma opção é aceitar que você foi acusado e ir a julgamento. Defender-se perante esse autoproclamado juiz, que gesticula para os dossiês que você preparou com provas que te absolvem, na esperança de absolvição. Outra opção é rejeitar a jurisdição de quem faz a pergunta e rejeitar a premissa de que você é réu, recusando-se a viver uma parte ainda maior da sua vida sendo interrogado.

---

16 Cf. Habibi, 2003, p. 25.

Como eu disse, é comum que me perguntem se quero "jogar israelenses ao mar". Minha resposta tem ficado cada vez mais jocosa, até mesmo leviana. "Se eles têm tanto medo de se afogar, por que não aprendem a nadar?" Às vezes, ouço suspiros, de vez em quando um riso abafado e, outras vezes, uma risada desbragada. Depois da piada, a tese: perguntas como essa são pistas falsas, falácias do espantalho, má-fé. Obviamente, acredito em liberdade e dignidade para todos etc. Quem pergunta *O que vai ser dos colonos?* não pensou uma vez sequer sobre o destino dos seis milhões de refugiados palestinos que agonizam no exílio. Não se trata de uma polêmica, mas de uma observação, uma observação cheia de cansaço, reiterada incessantemente. Essas perguntas que desviam a atenção alimentam o ciclo discursivo que prioriza o futuro teórico dos colonos em detrimento do nosso presente material, já marcado pelo extermínio.

Como escreve Steven Salaita: "A pergunta 'mas e os israelenses?' se apresenta como inocente, até crucial, mas a retórica subjacente é insidiosa... Ela diz ao público que o sionismo deve ser afirmado antes que o palestino possa falar de libertação".[17] Assim, a decisão de responder a uma pergunta desviante torna-se um ato político: devo morder a isca? Devo pular por cima dos tanques que incendeiam nossos bairros, dos incêndios que engolfam Khan Yunis, para apagar chamas hipotéticas? Devo esquecer os poços

---

17 Cf. "The importance of being flippant" (Salaita, 2022).

que eles envenenaram,[18] as águas das quais se apropriaram para saciar uma sede imaginária?[19] Ultimamente, apenas zombo da pergunta.

Mas por que rir de uma pergunta inflamável quando sei que as minhas palavras serão distorcidas e viradas de cabeça para baixo? Por que fazer comentários sarcásticos diante de milhares de pessoas, muitas das quais talvez, em seu subconsciente, já suspeitem de mim? Porque — e isso é o mais importante — é engraçado. É bom rir, ridicularizar o ridículo. Dizem que usamos o humor para suportar uma situação, para sentir alívio, e assim por diante. Eu podia citar Freud, mas a minha avó disse com mais eloquência: "Se não rimos, choramos". No entanto o riso, como outros fenômenos de comportamento contagiosos, historicamente desempenhou um papel influenciando as atitudes e interpretações das pessoas em relação a questões sociais e políticas. Caso superemos a ideia reducionista de que o humor dos oprimidos é meramente um "mecanismo de defesa", podemos revelar a sua vantagem estratégica e o seu potencial transformador.

No palco, na televisão, sempre que falo sobre a brutalidade do sionismo e o genocídio cometido contra os palestinos, deparo rotineiramente com afirmações como: *Um segundo Holocausto está a caminho* e *os judeus estão com medo.*[20] Postula-

---

18 Cf. "Israeli forces 'poisoned wells in Palestinian villages' during 1948 Nakba, unearthed documents show" (*The New Arab*, 2022).

19 Cf. "Palestine runs dry: 'Our water they steal and sell to us'" (Najib, 2021).

20 Por um lado, nos Estados Unidos, "44% dos estudantes judeus não se sentem seguros em seu campus". Por outro, não há mais universida-

ções desse tipo funcionam como uma ordem de silêncio, uma mordaça, e as conversas se tornam sussurros. Embora existam inúmeras pessoas que vivenciam profunda dissonância cognitiva diante da descarada projeção colonial, a maioria sente que lhes falta a linguagem ou a audácia necessárias para refutar. Afinal, ninguém quer ser acusado da "calúnia do sangue". Aqui, respostas jocosas ou levianas — a irreverência em geral, na verdade — tornam-se pedagógicas.

Portanto zombe dos mentirosos que atiram pedras e escondem as mãos; zombe dos manipuladores que exploram tabus e tragédias para manter o monopólio da violência, que moldam suas palavras para extrair de você uma reverência urgente e penitente. A zombaria, neste contexto, ensina aqueles que compartilham suas frustrações a não se envergonharem e a não aceitarem um mundo de cabeça para baixo. Em vez disso, ela atua como um catalisador do pensamento crítico e da autonomia intelectual, capacitando o público a questionar o status quo, a satirizá-lo, a desnudá-lo diante dos seus lacaios e bajuladores.

Nesse caso, a irreverência subverte os termos da conversa e reorganiza os tópicos de discussão segundo o seu peso moral ou político. Ela faz mais do que meramente interromper o fluxo da conversa; ela reconfigura de maneira ativa a hierarquia do que deve ser objeto de indignação — aquilo que é sério, consequente —, forçando uma reavaliação de prioridades. Ou, em outras palavras, a irreverência "funciona desconstruindo

---

des em Gaza porque foram todas destruídas pelas Forças de Ocupação Israelenses. Cf. Scholars Against the War on Palestine, 2024.

padrões de poder previamente estabelecidos; ela trabalha para remover o que é moralmente trivial do mesmo patamar daquilo que é realmente sério".[21]

21 Cf. "The importance of not being earnest: The role of irreverence in philosophy and moral education" (Miller, 2019, p. 32).

Alguns dos meus amigos, principalmente os palestinos em ascensão social, ficam consternados com a minha abordagem cáustica. Eles não acham tão divertido, e sim assustador, e entendo o porquê. Como palestinos, para eles todo engajamento cívico se torna um julgamento público. Cada declaração é um teste de caráter. Estamos sempre a um passo de virarmos terroristas. Expressei-me mal numa passeata em Londres há algum tempo, e esse simples deslize virou manchete de tabloide e levou a Polícia Metropolitana a me investigar por terrorismo. Leis "antiterrorismo", vagas e com definições amplas, se traduziram numa abrangente repressão ao ativismo político, à expressão nacionalista e ao discurso anticolonial, tanto que praticamente qualquer coisa pode ser interpretada como "incitação" ou "apoio material ao terrorismo".[22]

Para o árabe no Ocidente, a tarefa é detonar cuidadosamente as presunções ou sofrer com as suas explosões. Devemos demonstrar, de forma mensurável, antes de tudo, a distância que nos separa das acusações feitas contra nós. Precisamos provar, diante de hostilidades absurdas, que somos civis, jornalistas, médicos e professores respeitáveis, que "não somos iguais ao Hamas". Um erro basta para dar

---

22 "Leis de suporte material são a caixa-preta dos processos por terrorismo doméstico, um espaço de forma variável no qual todo tipo de atividade constitucionalmente protegida pode ser jogado e classificado como suspeita, se não como crime. Sua imprecisão é fundamental. Elas determinam culpa por associação e frequentemente usam crenças políticas e religiosas para demonstrar intenção e estado da mente" (Theoharis, 2010).

credibilidade aos rumores que nos assombram. Os números de vítimas que relatamos? Inflados. Nossas tragédias? Orquestradas em "Pallywood".[23] Nossos filhos mutilados, incinerados por aviões de guerra israelenses? Bonecos usados como propaganda de guerra.

Sendo assim, escrevemos livros e fazemos filmes sabendo que tudo o que dissermos, a sério ou de brincadeira, qualquer coisa que insinuarmos pode e vai ser usado contra nós nos tribunais e na opinião pública. Conversamos entre nós como se o atirador estivesse às nossas costas. E entendo o impulso de autocensura. Sei que, como palestinos, a nossa "notoriedade" nos precede; somos culpados até que se prove o contrário, e provar o contrário muitas vezes é impossível. Sei que provavelmente não pareço eu mesmo na imaginação da maioria das pessoas. Mas existem vastos universos fora do olhar do atirador, mundos além do campo de visão do colonizador. O que importa mais do que o modo como seremos vistos por nossos inimigos ou aliados é como vemos uns aos outros e o que inspiramos uns nos outros. Isso é respeito próprio ou autocensura?

Ser irreverente na tribuna é lembrar a si mesmo que você faz parte de um coletivo — um povo constantemente vigiado e cujas possibilidades psíquicas e afetivas não param de encolher; as classes trabalhadoras, os exaustos, os desprovidos de recursos, aqueles que não têm acesso a universidades de elite ou talento para a duplicidade. E nessa demonstração de

---

23 Para mais informações cf. "Myth: Palestinians fake Israeli atrocities, hire crisis actor (Pallywood)" (Decolonize Palestine, s.d.).

irreverência, você se envolve nas complexidades deles, abre espaço para eles no discurso público, independentemente de como se articulem, e transfere a culpa da vítima para o perpetrador. Caso contrário, estaríamos reprimindo, nos salvaríamos e ascenderíamos na nossa carreira deixando os outros para trás. Para que alguém seja descrito como *educado, refinado*, outro precisa ser visto como selvagem.

A quem é dado o microfone dentre nossos inimigos? Representantes do governo, cujos comentários, em virtude do cargo, são muitas vezes apresentados nos parágrafos introdutórios das notícias. E quem dentre nós tem permissão para falar? Na maioria das vezes, são os enlutados, os despossuídos e os vulneráveis, aqueles que contra a vontade são empurrados para o âmbito da defesa a despeito deles mesmos e transformados, individualmente, em ministérios de comunicação de uma pessoa só, sem roteiros perfeitos ou apoio institucional.

Não sou irreverente por uma tendência a contrariar ou por entretenimento. Sou irreverente porque percebo que a maioria do povo palestino não possui a capacidade ou o desejo de "mimar" valores etnocêntricos e atitudes racistas. Onde, na zona de guerra, eu encontraria espaço para alterar o nosso vocabulário? E por que deveria querer isso? Por que iria querer buscar nos nossos sonhos uma lucidez acusadora? Ou vasculhar os nossos coloquialismos procurando filtrar o que é grosseiro? Repito, por que eu deveria ignorar os incêndios que consomem as nossas cidades para extinguir chamas hipotéticas?

Um homem palestino caminha até a sua casa na zona de guerra. Ao longe, ouvem-se sirenes e explosões e, do lado de fora da casa, há um tanque militar. Ele se aproxima do soldado israelense no blindado e o repreende: "Quantas vezes eu já disse para você não estacionar seu tanque na minha entrada?". Aqui, o homem criou para si um mundo em que o poderoso Merkava é apenas um incômodo chato, uma medida burocrática, como pagar impostos. Nesse mundo, a dominação do soldado não permeia a psique, seu rifle é uma mera arma de brinquedo e o gás lacrimogêneo no ar é apenas o perfume nauseante de alguém.

Em outras palavras, a irreverência é um ato dignificante de recusa, pois aqueles que se veem sitiados ou encarcerados podem se emancipar na sua mente. Para cavar um túnel, é preciso primeiro imaginá-lo antes de arranhar o chão. A irreverência constrói uma realidade alternativa onde a ocupação não é impenetrável e o ocupante não é indelével. O policial não é onisciente, nem o atirador é onipresente. Aqui, o significado simbólico das barreiras militares não se estende para além da concretude do seu cimento.[24] Para o falante (o jovem ativista, o acadêmico ou o taxista), a irreverência não é mera estratégia retórica, é uma forma de autopreservação e desafio, uma rejeição obstinada da sujeição psicológica. A irreverência é o equivalente discursivo de se manter firme. Sou grato pela oportunidade de ser irreverente, satirizar e ridicularizar meus colonizadores aparentemente invencíveis

24 Trechos dessa passagem foram publicados anteriormente em "Alaa on my mind" (El-Kurd, 2022d).

— de menosprezá-los, bani-los dos meus monólogos internos, transformá-los em piada.

Sei que o preço de uma piada é volátil. Às vezes, é a difamação, a censura, o assédio e até algemas. Outras vezes, sai de graça. Mas essa liberdade, ainda que rara, vale o risco. Nesse âmbito, o riso é semelhante à fé na sua capacidade de fazer as feridas doerem um pouco menos. Embora eu não tenha explorado muito o humor neste livro, encontrei consolo nele. Encontrei no humor um modo de agir, uma mobilidade, uma vida. E, assim como a fé consola uma mãe enlutada com a promessa de que o filho morto, explodido em pedaços, está, na verdade, inteiro, num lugar melhor — um mártir no céu —, o riso traz esse lugar melhor para a terra.

A escolha de ser irreverente na tribuna liberta tanto o orador quanto a plateia, ainda que por um breve instante. Na pausa entre as risadas que se seguem a uma observação sarcástica, algo sagrado se dá no inconsciente. O grande palco se torna uma sala de estar íntima, e a tragédia em questão, seja qual for, vira assunto de família. O orador exila da sua mente o prestígio da tribuna, descartando o papel que foi coagido a ensaiar, dizendo em voz alta aquilo que lhe ensinaram a sussurrar. Os espectadores são, por um momento, envolvidos no espetáculo, contaminados pelas suas imperfeições, envolvidos na piada. Algo sagrado acontece no inconsciente: um mundo sem pretensões onde olhamos nos olhos uns dos outros.

Epílogo
A chuva está a caminho[1]

Leio que abriram um novo jardim de infância no norte de Gaza, uma espécie de fênix, e quero acreditar que um aroma puro de jasmim já acompanha os professores nas suas atividades diárias. Que outra coisa, senão o jasmim, será capaz de acalmar a inquietação das crianças e a inquietação irritante dos aviões de guerra? Tenho me apegado a essa boa notícia nas últimas semanas, preenchendo as lacunas com especulações. Existe jasmim porque as sementes não precisam de permissão, nem de cessar-fogo, para germinar. Crianças são inquietas porque assim são as crianças. O que crianças de cinco anos aprendem, além dos números e do alfabeto, em tempos de genocídio? Que piadas elas contam para passar o tempo? Seu vocabulário se expande, naturalmente, para incluir palavras mais brutais do que "invasão", "cerco" e "Nakba", e os professores, imagino, dizem a elas que o passado empalidece

1 Uma versão deste texto, intitulada "Rain is coming: The ongoing Nakba and the present revolution", apareceu como texto de capa, no Dia da Nakba, na edição do *The New York War Crimes* e no *Mondoweiss*, em 15 de maio de 2024.

em comparação com o presente de Gaza. Até os ricos, aqueles que não fugiram, estão em tendas desta vez.

Mas há mais a ser levado em conta, e sempre houve, na nossa realidade. Somos, sem dúvida, sujeitos da conquista e da colonização, produtos das circunstâncias, mas também somos muito mais do que isso. A cada passo da nossa história sangrenta, fomos brutalizados, levados ao luto, despossuídos, exilados, deixados com fome, massacrados e aprisionados, mas, para consternação do mundo, nos recusamos a nos submeter. Para cada massacre e invasão, houve e agora há homens e mulheres que pegam as suas armas, improvisadas e sofisticadas – coquetéis molotov, rifles, estilingues, foguetes – para lutar. Sempre houve luta, sempre houve jasmim.

Em paralelo, também há mais a levar em conta para o nosso inimigo. O sionismo, por trás da fachada da superpotência impenetrável que pretende ser, está mais vulnerável hoje do que nunca. E não digo isso ingenuamente: não peço que ignoremos as capacidades do inimigo ou o poder dos impérios e dos mercenários que o apoiam. Nem peço que trivializemos o peso esmagador de centenas de milhares de mártires ou glamorizemos os homens que enfrentam tanques vestindo moletom e os sobrecarreguemos com mais do que podem suportar. Os combatentes da liberdade entendem que o seu oponente é Golias, que as probabilidades estão contra eles, que não têm outra opção a não ser pegar a pedra. Mas este é um novo amanhecer. Por meio de uma observação atenta – assistindo à mídia estatal, à mudança da narrativa global, testemunhando o renascimento de movimentos radicais e até mesmo lendo as inscrições em banheiros aleatórios de aeroportos –, descobre-se que este é um novo amanhecer. O sionismo pode continuar sendo um tremendo oponente, mas é também uma fera envelhecida e trêmula, obtusa por sua própria importância, por mais imprevisível que seja. Às vezes, ela se lança sobre você e crava as presas na sua carne. Outras vezes, não passa de um tigre de papel.

E é essa descoberta que não apenas destrói o mito da invencibilidade colonial, mas também nos recorda que a libertação é alcançável, que o futuro está próximo. Em meio aos ataques aéreos implacáveis e à devastação de cidades demolidas, pode parecer frívolo fixar-se no jasmim em flor. Mas devemos a nós mesmos olhar para tudo, buscar tudo. Observar o quadro em todos os seus detalhes. Por mais mortal, traiçoeira e implacável que seja, a Nakba não durará para sempre. O mundo está mudando porque deve mudar. Se sementes podem germinar no inferno, a revolução também pode. Ao telefone, minha mãe me diz: "A chuva está a caminho e Deus é Todo-poderoso".[2]

---

2 الغيث آتٍ، والله قادر على كل شيء.

Agradecimentos

Uma versão anterior e mais curta de *Vítimas perfeitas e a política do apelo* foi apresentada em um ciclo de palestras em memória de Edward Said, proferidas na Universidade Princeton, em fevereiro de 2023. Um trecho da palestra foi posteriormente impresso como matéria de capa da *The Nation* na edição de dezembro do mesmo ano. O argumento fundamental do livro, em suas formas preliminares, foi apresentado como o discurso principal na Conferência "Decolonizando Relações Internacionais", da Universidade Tufts, em outubro de 2021, em uma conversa na Faculdade de Direito de Harvard no mesmo mês e em uma palestra no Centro de Direitos Humanos e Artes, do Bard College, em março de 2022, que foi posteriormente publicada em *The Lawlessness of Rights* (El Khoury, 2024). Em outubro de 2023, estava agendada a apresentação de outra versão de *Vítimas perfeitas* na Universidade de Vermont, como parte da Série de Palestras Will Miller sobre Justiça Social, mas a universidade alegou "preocupações com a segurança" como pretexto para mudar o evento para fora do campus ou cancelá-lo completamente. Apesar da mudança abrupta de formato, a palestra foi transmitida ao vivo e assistida por onze mil pessoas.

Terminar este livro certamente exigiu muito esforço. Sou grato à Haymarket Books, especialmente a Brekhna Aftab, editora do manuscrito, que me ofereceu paciência e orientação durante um processo de escrita difícil e imprevisível; a Naomi Murakawa e Anthony Arnove por sugerirem que eu transformasse a minha palestra apresentada em Princeton em livro; ao restante da equipe da Haymarket — Rachel, Katy, Myles, Róisín, Aricka, Dana, Julie, Jim, John e outros — e ao meu agente, Ian Bonaparte, que colocou o livro nas mãos certas. Estendo a minha mais profunda gratidão à minha querida amiga Amany Khalifa, que desafiou meu pensamento desde a minha adolescência. Também sou grato pelos anos e anos de feedback de Lizzy Ratner, da *The Nation*, pelo tempo de trabalho com Adam Horowitz e com a equipe da *Mondoweiss*, a Amna Ali, cuja assistência ao longo deste projeto foi vital, e a Maha Essid e seu incentivo e feedback. Este livro foi cuidadosamente checado pela perspicaz e brilhante Karen Ng e generosamente revisado mais uma vez por Rami Karim, que há muito tempo edita meus textos.

Sinto-me honrado pela disponibilidade e pela gentileza dos meus queridos amigos Ru'a Rimawi e Ahmed Alnauq, que me permitiram escrever, ou tentar escrever neste livro trechos das suas histórias e as de seus entes queridos, elevando infinitamente o seu valor. Também sou grato a Maisara Baroud, o incrível ilustrador cuja arte — criada em meio aos campos de refugiados improvisados em Rafah, Deir al-Balah e em outros lugares sob bombardeio — me inspirou de inúmeras maneiras. Sou grato pelos muitos amigos e camaradas — numerosos demais para nomear — cujos insights, críticas e edições aprofundaram bastante o meu pensamento e a minha pesquisa: Hazem Jamjoum, Ali Almossawi, Abdel Jawad Omar, Aja Monet, Alia Al-Sabi, Tamar Ghabin, Azad Essa, Rahi M., Nour Annan, Zoé Samudzi, Yasmin El-Rifae, Morgan Bassichis, Rebecca Abou-Chedid, Parin Behrooz, Nihal El-Aasar, Lama al-Arian e muitos outros que espero que me perdoem se esqueci de citá-los. Também sou profundamente grato pelas conversas que impulsionaram e aguçaram os meus argumentos, especialmente com Omar Karimah, Samira Esmair, Jonathan Kubakundimana, Raeda Taha, Sulafa Zidani, Molly Crabapple, Hala Marchud, Fayruz Charqawi, Bissan Oweidah, Randa Wehbe, Izziddin Mustafa, Idriss Khalidi, Dimitri Shreckengost, Savana Ogburn, Josh Winston, Derecka Purnell e muitos outros que também espero que me perdoem caso eu tenha deixado de mencioná-los.

Além disso, agradeço a todos aqueles que contribuíram para este livro com fontes, fatos, material de arquivo, desacordos, desafios e edições de ensaios publicados anteriormente, e aqueles que simplesmente me ouviram ou me apontaram a direção certa: Alaa al-Dayeh, Ahmad Hammad, Tarek Z. Ismail, Riya Alsana, Emma Alpert, Laura al-Bast, Mariam Barghouti, Ahmed Biqawi, Nadi Saadeh, Yazan Nagi, Noura Erakat, Julia Bacha, Jessica Devaney, Tarek Bakri, Jack Mirkinson, Musa al-Sada, Matt Kannarad, Zena Al Tahhan, Bayan Kiwan, Nicki Kattoura, Xavier Dominic, Elana Comay del Junco, Daliah Merzaban, Samer Khuwariah, David Renton, Alastair Lyon, Phoebe Cook e muitos, muitos, muitos outros que tenho certeza de que estou me esquecendo. Escrevo com pressa, mas realmente sou grato a todos que contribuíram para este projeto em qualquer função. Agradeço também a Zahid R. Chaudhary e ao Departamento de Inglês da Universidade Princeton pelo convite e pela hospitalidade. Sou grato a Tania El Khoury e Ziad Abu-Rish, da CHRA, e a todos os envolvidos na organização do evento em Bard, à Clínica Internacional de Direitos Humanos, de Harvard, bem como a Isaac Kreisman e Anne Petermann, da Série de Palestras Will Miller sobre Justiça Social.

Por fim, mas não menos importante, tenho uma dívida de gratidão com a minha família pela compreensão e pelo apoio, mesmo quando quase me tornei um filho e um irmão ausente durante a escrita deste livro, especialmente com a minha querida irmã gêmea Muna.

Referências

ABBAS, Mahmoud. Discurso na décima primeira sessão do Conselho Revolucionário do Fatah, 24 de agosto de 2023.

ABDULRAHIM, Raja; HUBBARD, Ben. "A trailblazing Palestinian journalist dies, aged 51". *The New York Times*, 11 de maio de 2022.

ABUFARHA, Nasser. *The Making of a Human Bomb: An Ethnography of Palestinian Resistance*. Durham, NC: Duke University Press, 2009.

ABUNIMAH, Ali. "How Obama learned to love Israel". *Electronic Intifada*, 4 de março de 2007.

ADALAH (The Legal Centre for Arab Minority Rights in Israel). "Basic Law: Israel – The Nation State of the Jewish People", 25 de julho de 2018.

ADDAMEER (Prisoner Support and Human Rights Association). *Eyes on Israeli Military Courts: A Collective of Observers' Testimonies*. 2ª ed. Ramallah, 2022.

AKRAM, Fares. "In Rubble of Gaza Seaside Cafe, Hunt for Victims Who Had Come for Soccer". *The New York Times*, 10 de julho de 2014.

AL JAZEERA. "Dozens injured in Israeli police attack on Palestinian funeral", 17 de maio de 2022a.

____. “Israeli forces kill Palestinian woman in occupied West Bank”, 1º de junho de 2022b.
____. “Israel’s shifting narratives on the killing of Shireen Abu Akleh”, 6 de setembro de 2022c.
____. “Israeli police arrest and brand Palestinian with ‘Star of David’: Report”, 18 de agosto de 2023a.
____. “Palestinian teen killed in Israeli raid in northern occupied West Bank”, 22 de agosto de 2023b.
____. “Israeli soldier killed in car ramming attack by Palestinian”, 31 de agosto de 2023c.
____. “Israel’s war on Gaza: List of key events, day 169”, 23 de março de 2024a.
____. “Israeli tank fired at Hind Rajab family car from meters away: Investigation”, 23 de junho de 2024b.
AL MAYADEEN. “IOF assassinate Zakaria Zubeidi’s son, others killed in West Bank”, 5 de setembro de 2024a.
____. “19-yo Palestinian, shot, used as human shield, dies in Israeli custody”, 26 de agosto de 2024b.
AL-MUTANABBI, Abu Tayyib. “Fidan laka man yuqassiru ‘an madaka”, *c.* 354 AH/965 d.C.
AL TAHHAN, Zena. “‘Devastating’: How Israeli is pulling Palestinian families apart”. Al Jazeera, 15 de março de 2022a.
____. “Elderly Palestinian man dies during arrest by Israeli army”. Al Jazeera, 12 de janeiro de 2022b.
ALI, Taha Muhammad. *So What: New & Selected Poems*, 1971-2005. Tradução de Peter Cole, Yahya Hijazi e Gabriel Levin. Port Townsend, WA: Copper Canyon Press, 2006.
ANISTIA INTERNACIONAL. “Ukraine: Ukrainian fighting tactics endanger civilians”, 4 de agosto de 2022.

Arna's Children. Direção: Juliano Mer-Khamis e Danniel Danniel. Produção: Pieter van Huystee Film e Trabelsi, 2004. Documentário (85 min).

BALDWIN, James. "Negroes are anti-semitic because they're anti--white". *The New York Times*, 9 de abril de 1967.

____. "Muitos milhares de mortos" (1955). *Notas de um filho nativo*. Tradução de Paulo Henriques Britto. São Paulo: Companhia das Letras, 2020.

____. "Carta de uma região da minha mente" (1962). *Da próxima vez, o fogo*. Tradução de Nina Rizzi. São Paulo: Companhia das Letras, 2024.

BARGHOUTI, Mariam. "'We are living in graves, and our demand is freedom': The Gilboa prison break one year later". *Mondoweiss*, 9 de setembro de 2022.

BARGHOUTI, Mourid. *Eu vi Ramallah* (2000). Tradução de Safa Abou-Chala Jubran. Rio de Janeiro: Casa da Palavra, 2006.

BEN-TEKOA, Sha'i. "Sticks and stones". *Commentary*, setembro de 2000.

BEN-YAIR, Michael. "The war's seventh day". *Haaretz*, 3 de março de 2002.

BERGER, Miriam; HILL, Evan; BALOUSHA, Hazem. "Four fragile lives found ended in evacuated Gaza hospital". *The Washington Post*, 3 de dezembro de 2023.

BLACK, Ian. "Doctor admits Israeli pathologists harvested organs without consent". *The Guardian*, 21 de dezembro de 2009.

BULOS, Nabih. "Kyiv civilians take up arms... to fight Russian attack on Ukraine". *Los Angeles Times*, 26 de fevereiro de 2022.

BURMAN, Erica. "Fanon and the child: Pedagogies of subjectification and transformation". *Curriculum Inquiry*, v. 46, n. 3, 2016.

CARLSTROM, Gregg. "Autopsy shows Palestinian teen 'burned alive'". Al Jazeera, 6 de julho de 2014.

CÉSAIRE, Aimé. *Discurso sobre o colonialismo*. Tradução de Claudio Willer. São Paulo: Veneta, 2020.

CHOMSKY, Noam. *The Fateful Triangle: The United States, Israel and the Palestinians*. Boston: South End Press, 1983.

COTTON, Tom. Entrevista cedida a Shannon Bream. *Fox News Sunday*, Fox News, 15 de outubro de 2023.

DANQAL, Amal. *Al'aamal alkamila, accha'ir Amal Danqal*, 3ª ed. Cairo: Maktabat Madbouly, 1987.

____. *Al'aamal alkamila* (1969) Beirute: Dar Al-Churuq, 2012.

DAQQA, Walid. *Hikayat sir azzait*. Ramallah: Tamer Institute for Community Education, 2018.

____. "A place without a door". Tradução de Dalia Taha. *Middle East Research and Information Project*, 11 de julho de 2023a.

____. "Uncle, give me a cigarette". Tradução de Dalia Taha. *Middle East Research and Information Project*, 11 de julho de 2023b.

DARWICH, Mahmud. "Efêmeros em palavras efêmeras". Tradução do GTPAC, Grupo de Tradução da Poesia Árabe Contemporânea – USP (Universidade de São Paulo). São Paulo: ICArabe, [s.d.]. Disponível em: <https://icarabe.org>.

____. *Unfortunately, It Was Paradise: Selected Poems*. Organização e tradução de Munir Akash, Carolyn Forché, Sinan Antoon e Amira El-Zein. Oakland: University of California Press, 2003.

____. *Mural* (2000). Tradução de John Berger e Rema Hammami. Nova York: Verso, 2017.

____. *Folhas da oliveira* (1964). Tradução de Alexandre Chareti. Rio de Janeiro: Tabla, 2025.

DAVIES, Harry et al. "'The grey zone': How IDF views some journalists in Gaza as legitimate targets". *The Guardian*, 25 de junho de 2024.

DEGANI, Arnon. "Israel is a settler-colonial state – and that's o.k.". *Haaretz*, 13 de setembro de 2016.

DECOLONIZE PALESTINE. "Myth: Israel is defending itself", s.d. Disponível em: <https://decolonizepalestine.com>.

____. "Myth: Palestinians fake Israeli atrocities, hire crisis actor (Pallywood)", s.d. Disponível em: <https://decolonizepalestine.com/myth/pallywood>.

DEFENSE FOR CHILDREN INTERNATIONAL – PALESTINE. "Israeli forces use Palestinian girl as a human shield in Jenin", 19 de maio de 2022. Disponível em: <https://www.dci-palestine.org>.

____. "Israeli forces kill two Palestinian children in early days of New Year", 3 de janeiro de 2023a. Disponível em: <https://www.dci-palestine.org>.

____. "Israeli forces kill, withhold body of 14-year-old Palestinian boy in Jerusalem", 31 de agosto de 2023b. Disponível em: <https://www.dci-palestine.org>.

____. "Number of Palestinian children in Israeli detention", 30 de junho de 2024. Disponível em: <https://www.dci-palestine.org>.

DEMOCRACY NOW! "'They were so close': Israel kills medics trying to save dying 6-year-old Hind Rajab", 16 de fevereiro de 2024.

DICHTER, Avi. Entrevista cedida ao Channel 12, 11 de novembro de 2023.

DR. HUEY P. NEWTON FOUNDATION. *The Black Panther Party: Service to the People Programs*. Organizado por David Hilliard. Albuquerque: University of New Mexico Press, 2008.

EL KHOURY, Tania (org.). *The Lawlessness of Rights*. Nova York: Center for Human Rights and the Arts, 2004. (Talks on Human Rights and the Arts, 2.)

EL-KURD, Mohammed. "Dear President Obama... I hope you won't remain silent". *The Guardian*, 17 de março de 2013.

____. "Tomorrow my family and neighbors may be forced from our homes by Israeli settlers". *The Nation*, 20 de novembro de 2020.

____. "Fifteen-Year-Old Girl Killed for Attempting to Kill a Soldier (with a Nail File), or Context". *Rifqa*. Chicago: Haymarket Books, 2021a.

____. "If they steal Sheikh Jarrah". *Mada Masr*, 16 de fevereiro de 2021b.

____. "Here in Jerusalem, we Palestinians are still fighting for our lives". *The Guardian*, 28 de julho de 2021c.

____. "The new campaign to smear Palestinian Human Rights defenders as terrorists". *The Nation*, 22 de outubro de 2021d.

____. "In every corner of Palestine, there is a story of dispossession". *The Nation*, 30 de março de 2022a.

____. "How the western media missed the story of Shireen Abu Akleh's death". *The Nation*, 25 de maio de 2022b.

____. "Do I believe in violence?". *The New Arab*, 22 de novembro de 2022c.

____. "Alaa on my mind". *Baffler*, 7 de dezembro de 2022d.

____. "'We shouldn't grow up dreaming that our friends don't get killed'". *The Nation*, 1º de fevereiro de 2023a.

____. "On 'Perfect Victims' and the Politics of Appeal". Edward W. Said Memorial Lecture apresentada na Universidade Princeton, 8 de fevereiro de 2023b.

____. "Israeli protesters say they're defending freedom. Palestinians Know Better". *The Nation*, 30 de março de 2023c.

____. "Reflections on the 75th anniversary of a Nakba that never ended". *The Nation*, 15 de maio de 2023d.

____. "What role does culture play in Palestinian liberation?". *Mondoweiss*, 5 de setembro de 2023e.

____. "Jewish settlers stole my home, it's not my fault they're Jewish". *Mondoweiss*, 26 de setembro de 2023f.

____. "Western journalists have Palestinian blood on their hands". *The Nation*, 20 de outubro de 2023g.

____. "The Stenographer Party". *Mondoweiss*, 29 de novembro de 2023h.

____. "The right to speak for ourselves". *The Nation*, 11/18 de dezembro de 2023i.

____. "What does it mean to be Palestinian now?". *The Nation*, 25 de janeiro de 2024a.

____. "Refaat al-Areer: An incomplete eulogy". *Institute for Palestine Studies*, 31 de janeiro de 2024b.

____. "Are we indeed all Palestinians?". *Mondoweiss*, 13 de março de 2024c.

____. "Rain is coming: The ongoing Nakba and the present revolution". *The New York War Crimes*, 15 de maio de 2024d.

ELECTRONIC INTIFADA. "New York Times fails to disclose Jerusalem bureau chief's conflict of interest", 25 de janeiro de 2010.

____. "Palestine in pictures: September 2023", 5 de outubro de 2023.

ERAKAT, Noura. "The sovereign right to kill: A critical appraisal of Israel's shoot-to-kill policy in Gaza". *International Criminal Law Review* v. 19, n. 5, outubro de 2019, p. 783–818.

ESSA, Azad. "How a 'hostile' NYC hospital fired an award-winning Palestinian-American nurse". Middle East Eye, 31 de maio de 2024.

EURO-MEDITERRANEAN HUMAN RIGHTS MONITOR. "Gaza: Israeli army uses Palestinian civilians as human shields in its operation in Shifa Medical Complex and its vicinity", 23 de março de 2024a. Disponível em: <https://euromedmonitor.org/a/6239>.

____. "Israel uses water as a weapon of its genocide in Gaza", 5 de julho de 2024b.

FANON, Frantz. *Pele negra, máscaras brancas* (1952). Tradução de Sebastião Nascimento, São Paulo: Ubu, 2020.

____. "Carta ao Ministro Residente". *Por uma revolução Africana: textos políticos* (1956). Tradução de Olga Mendonça. Rio de Janeiro: Zahar, 2021.

____. *Os condenados da Terra* (1961). Tradução de Ligia Fonseca Ferreira e Regina Salgado Campos. Rio de Janeiro: Zahar, 2022.

FEDERGRUEN, Awi. "Rock-throwing by Said should not be excused". *Columbia Daily Spectator*, 6 de setembro de 2000.

FIACC, Padraic. *The Selected Padraic Fiacc*. Belfast: Blackstaff Press, 1979.

Gaza Fights for Freedom. Direção: Abby Martin. Estados Unidos: The Empire Files, 2019. Documentário (1h24min.).

GESSEN, M. "What we know about the weaponization of sexual violence on October 7th". *The New Yorker*, 20 de julho de 2024.

GOLAN, May. Entrevista cedida ao *Israel Daily*, ILTV News, 21 de fevereiro de 2024.

GOLD, Hadas et al. "Israeli minister says there is 'no such thing as Palestinian people' inviting US rebuke". CNN, 21 de março de 2023.

GOLDBERG, Jeffrey. *Prisoners: A Muslim and a Jew across the Middle East Divide*. Nova York: Alfred A. Knopf, 2006.

HABIBI, Emile. *The Secret Life of Saeed: The Pessoptimist* (1974). Tradução de Salma K. Jayyusi e Trevor LeGassick. Northampton: Interlink Books, 2003.

HARARI, Yuval Noah. Entrevista cedida a Christiane Amanpour. *Amanpour*, CNN International, 12 de outubro de 2023.

____. Entrevista cedida à TV Asahi, 19 de outubro de 2023.

HARDING, Luke. "'I haven't told my granny': Ukraine's student molotov cocktail-makers". *The Guardian*, 28 de fevereiro de 2022.

HARKOV, Lahav. "One-third of journalists killed in Gaza were affiliated with terrorist groups". *Jewish Insider*, 17 de maio de 2024.

HARTMAN, Saidiya. *Scenes of Subjection: Terror, Slavery, and Self-Making in Nineteenth-Century America*. Nova York: Oxford University Press, 1997.

____; WILDERSON, Frank B. "The Position of the Unthought". *Qui Parle*, v. 13, n. 2, 2003, p. 183-201.

HASSAN, Budour. "The Warmth of Our Sons: Necropolitics, Memory, and the Palestinian Quest for Closure". *Jerusalem Legal Aid and Human Rights Center*, 2019.

HASSAN, Mehdi. "Saying Israel is guilty of apartheid isn't antisemitic. Just ask these Israeli leaders". MSNBC, 27 de maio de 2021.

HC DEB. [House of Commons Debate], 5. ser., 18 de outubro de 1973, v. 861, col. 462.

HERZOG, Isaac. Entrevista cedida ao *Sunday with Laura Kuenssberg*, BBC One, 12 de novembro de 2023.

HOCKSTADER, Lee. "Letter from Israel". *The Washington Post*, 12 de julho de 2000.

HOFFMAN, Adina. *My Happiness Bears No Relation to Happiness: A Poet's Life in the Palestinian Century*. New Haven, CT: Yale University Press, 2009.

HOPKINS, Valerie; GIBBONS-NEFF, Thomas. "An Amnesty International Assessment that Ukraine 'put civilians in harm's way' stirs outrage". *The New York Times*, 7 de agosto de 2022.

HURSTON, Zora Neale. *Their Eyes Were Watching God* (1937). Nova York: Perennial, 1990.

HUSSAINI, Maha. "Palestinian journalist killed in Israeli bombing after threats to end Gaza coverage". Middle East Eye, 6 de outubro de 2024.

HUSSEIN, Muhammad. "Remembering Israel's killing of four children on the beach in Gaza". Middle East Monitor, 16 de julho de 2020.

HUSSEIN, Rachid. *Ana al'ard, la tahrimini almatar*. Beirute: Falastin al-Thawra, 1976.

INLAKESH, Robert. "'Kill 'Em All' – US Politicians and Their Genocidal Comments against Palestinian since October 7". *Palestine Chronicle*, 15 de maio de 2024.

INTERNATIONAL MIDDLE EAST MEDIA CENTER. "Palestinian dies from serious wounds in Jenin", 20 de setembro de 2023. Disponível em: <https://imemc.org>.

ISACK, Arielle. "Stealing the voice of authority". *Baffler*, 17 de abril de 2024.

JAMJOUM, Hazem (Org.). "The Jewish National Fund: A Para-State Institution in the Service of Colonialism & Apartheid". *Al-Majdal*, v. 43, 2010.

JAMOUS, Lama. "Lama Jamous' reporting defends the future of Gaza". Entrevista cedida ao *The New York War Crimes*, 19 de junho de 2024.

JARRAR, Kareem. Entrevista cedida à Al Jazeera. Postado no Instagram em 31 de agosto de 2024 por Shatha Hanaysha (@shathahanaysha).

JORDENS, Ann-Mari. "Australian citizenship: 50 years of change". *Australian Law Reform Commission Reform Journal*, v. 5, n. 74, outubro de 1999, pp. 24–28.

KANAFANI, Ghassan. "Thoughts on change and the 'blind language'". *Alif: Journal of Comparative Poetics*, v. 10, 1990, pp. 137–57.

____. *On Zionist Literature* (1967). Tradução de Mahmoud Najib. Oxford: Ebb Books, 2022a.

____. *O pequeno lampião*. Tradução de Michel Sleiman. Rio de Janeiro: Tabla, 2022b.

____. *The Revolution of 1936–1939 in Palestine* (1972). Tradução de Hazem Jamjoum. Nova York: 1804 Press, 2023.

KANE, Alex. "New conflict of interest at NYT Jerusalem bureau". *Fairness and Accuracy in Reporting*, 1º de maio de 2012.

KARSNER, David. *Debs: His Authorized Life and Letters*. Nova York: Boni and Liveright, 1919.

KELLY, Meg et al. "Palestinian paramedics said Israel gave them safe passage to save a 6-year-old girl in Gaza. They were all killed". *The Washington Post*, 16 de abril de 2024.

KERR, Jaren et al., "Israel calls for evacuation of 1mn people in northern Gaza". *Financial Times*, 13 de outubro de 2023.

KIM, Sunnie. "Edward Said accused of stoning in south Lebanon". *Columbia Daily Spectator*, 19 de julho de 2000.

KINGSLEY, Patrick et al. "How Hamas is fighting in Gaza: Tunnels, traps and ambushes". *The New York Times*, 13 de julho de 2024.

____; BOXERMAN, Aaron. "Hamas fails to make case that Israel struck hospital". *The New York Times*, 22 de outubro de 2023.

KLION, David. "Jeffrey Goldberg doesn't speak for the Jews". *Jewish Currents*, 2 de agosto de 2018.

KRAMER, Andrew E. "Behind enemy lines, Ukrainians tell Russians 'You are never safe'". *The New York Times*, 17 de agosto de 2022.

LACAN, Jacques. *Os quatro conceitos fundamentais da psicanálise*, livro 11 (1964). Tradução de MD Magno. Rio de Janeiro: Zahar, 1985.

LEBLANC, John Randolph. *Edward Said on the Prospects of Peace in Palestine and Israel*. Nova York: Palgrave MacMillan, 2013.

LEONHARDT, David; JACKSON, Lauren. "Gaza's vital tunnels". *The New York Times*, 30 de novembro de 2023.

LEYENS, Jacques-Philippe et al. "Infra-humanization: The wall of group differences". *Social Issues and Policy Review*, v. 1, n. 1, dezembro de 2007, pp. 139–72.

LOEWENSTEIN, Antony. "How Israel commodifies mass killing throught its 'Palestine laboratory'". Entrevista cedida a Jeremy Scahill. *Intercepted*, 13 de dezembro de 2023.

LORDE, Audre. *Irmã outsider: Ensaios e conferências* (1984). Tradução de Stephanie Borges. Belo Horizonte: Autêntica, 2019.

MACDONALD, Alex; HAMMAD, Shatha. "Shireen Abu Akleh: Arab journalists remember iconic Palestinian reporter". Middle East Eye, 11 de maio de 2022.

MACRON, Emmanuel. "Europe speech". Universidade Sorbonne, 25 de abril de 2024.

Maqaber al-Arqam [Campanha Popular Nacional]. Disponível em: <makaberalarqam.ps/en>.

MATEUS, Sofia Diogo. "Ukrainians Google 'How to make a molotov cocktail' after defense minister's call to arms". *The Washington Post*, 25 de fevereiro de 2022.

MATHIS-LILLEY, Ben. "Critics question whether pastor who said Hitler was sent by God was good choice to speak at U.S. embassy in Israel". *Slate*, 14 de maio de 2018.

MCNEIL, Sam. "Israel deploys remote-controlled robotic guns in West Bank". *Associated Press*, 16 de novembro de 2022.

MEIR, Golda. *A Land of Our Own: An Oral Autobiography*. Marie Syrkin (Org.). Nova York: G. P. Putnam's Sons, 1973.

MIDDLE EAST EYE. "Shireen Abu Akleh: New footage shows police storming hospital before funeral", 16 de maio de 2022a.

____. "Israeli forces kill Palestinian journalist near West Bank camp", 1º de junho de 2022b.

____. "Israeli forces kill Palestinian in West Bank raid", 1º de setembro de 2023.

____. "War on Gaza: Netanyahu suggests new US-built port could help deport Palestinians", 20 de março de 2024.

MIDDLE EAST MONITOR. "Israel police brands Palestinian prisoner's face with Star of David", 21 de agosto de 2023a.

____. "Symbolic funeral held in Nablus as Israel withholds bodies of slain Palestinians", 29 de agosto de 2023b. Vídeo (30 s).

____. "Netanyahu defiant that 'not even the ICJ will stop us'". 15 de janeiro de 2024.

MILLER, Stephen Kekoa. "The importance of not being earnest: The role of irreverence in philosophy and moral education". *Metodički ogledi*, v. 30, n. 2, 2019, p. 32.

MORGENTHAU, Hans J. *A política entre as nações: A luta pelo poder e pela paz* (1948). Tradução de Oswaldo Biato. Brasília: Universidade de Brasília; São Paulo: Imprensa Oficial do Estado de São Paulo, 2003.

MORRISON, Toni. Entrevista cedida a Charlie Rose. *Charlie Rose Conversations*, 19 de janeiro de 1998.

MOUSA, Hanan. "Palestinian children's literature: An overview". *Jeunesse: Young People, Texts, Cultures*. University of Toronto Press, v. 12, n. 1, 2020, pp. 144–59.

MURPHY, Maureen Clare. "Israelis cheer after Palestinian boy is executed in Jerusalem". *Electronic Intifada*, 31 de agosto de 2023.

My Neighbourhood. Direção e Produção: Julia Bacha e Rebekah Wingert-Jabi. Just Vision, 2012. Documentário (25 min).

NAJIB, Mohammed. "Palestine runs dry: 'Our water they steal and sell to us'". Al Jazeera, 15 de julho de 2021.

NETANYAHU, Benjamin. "PM Netanyahu addresses the 37th Zionist Congress". Transcrição do discurso, Embaixada de Israel nos Estados Unidos, 20 de outubro de 2015.

NEWTON, Huey P. *Revolutionary Suicide*. Nova York: Harcourt Brace Jovanovich, Inc., 1973.

OFIR, Jonathan. "Itamar Ben-Gvir and his fascist ilk inadvertently advance the apartheid discourse". *Mondoweiss*, 28 de agosto de 2023.

OLMERT, Ehud. Entrevista cedida ao *Haaretz*, 2010.

ONU – Organização das Nações Unidas. Resolução 37/43 da Assembleia Geral. "Importance of the Universal Realization of the Right of Peoples to Self-Determination and of the Speedy Granting of Independence to Colonial Countries and Peoples for the Effective Guarantee and Observance of Human Rights", 3 de dezembro de 1982 (A.G. Res. 37/43). Disponível em: https://docs.un.org/en/A/RES/37/43.

OSBORNE, Samuel. "Civilians help make molotov cocktails to take on Russian forces". *Sky News*, 27 de fevereiro de 2022.

OTHMAN, Orouba. "Reshaping the victim: On stealing Shireen Abu Akleh from her people". Tradução de Nadine Fattaleh. *7iber*, 7 de junho de 2022.

PALESTINE NEWS AND INFORMATION AGENCY (WAFA). "Two Palestinians, one minor, shot and seriously injured by Israeli Occupation Forces overnight in East Jerusalem", 19 de agosto de 2023. Disponível em: <https://english.wafa.ps/Pages/Details/137224>.

PALESTINIAN INFORMATION CENTER. "Ministry of prisoners: 36 Gazan prisoners die of torture in Israeli prisons", 21 de junho de 2024. Disponível em: <https://english.palinfo.com/news/2024/06/21/320888>.

Palestinian Open Letter. 11 de setembro de 2023. Disponível em: <https://sites.google.com/view/palestinianopenletter/home?authuser=1>.

PATEL, Yumna. "Israeli police attack another Palestinian funeral in Jerusalem". *Mondoweiss*, 17 de maio de 2022.

PATAI, Raphael (Org.). "June 12, 1895". *The Complete Diaries of Theodor Herzl*. Tradução de Harry Zohn. Nova York: Herzl Press and Thomas Yoseloff, 1960.

PERLMUTTER, Mark. "Children of Gaza". Entrevista cedida ao programa *Sunday Morning*, CBS News, 21 de julho de 2024.

PETTI, Matthew. "A fanatical Israeli settlement is funded by New York suburbanites". *New Lines Magazine*, 12 de fevereiro de 2024.

Protection of Civilians Report, 8-21 de agosto de 2023. United Nations Office for the Coordination of Humanitarian Affairs, 2023a. Disponível em: <https://www.ochaopt.org/poc/8-21-august-2023>.

Protection of Civilians Report, 5–18 de setembro de 2023. United Nations Office for the Coordination of Humanitarian Affairs, 26 de setembro de 2023b. Disponível em: <https://www.ochaopt.org/poc/5-18-september-2023>.

PURNELL, Derecka. "Dehumanization, Disability, and Resistance". *Becoming Abolitionists: Police, Protests, and the Pursuit of Freedom*. Nova York: Astra House, 2021, pp. 209–43.

QABBANI, Nizar. "Footnotes to the Book of the Setback". Tradução de Abdullah al-Udhari. *Critical Muslim*, 1967.

REUTERS. "US and EU slam Palestinian president's remarks on Holocaust", 7 de setembro de 2023.

____. "Relatório inicial da RSF: Jornalista da Reuters foi morto no Líbano em ataque 'seletivo'", 29 de outubroo de 2024.

REVKIN, Andrew C. "My stroke of luck". *The New York Times*, 13 de maio de 2013.

RUBIO, Marco. Entrevista cedida a Jake Tapper. *The Lead with Jake Tapper*, CNN, 9 de setembro de 2023.

SABBAGH-KHOURY, Areej. *Colonizing Palestine: The Zionist Left and the Making of the Palestinian Nakba*. Redwood City, CA: Stanford University Press, 2023.

SAID, Edward W. "Withholding, avoidance, and recognition". *Mawaqif*, 19–20, janeiro de 1972.

____. *After the Last Sky: Palestinian Lives*. Nova York: Columbia University Press, 1999.

SALAITA, Steven. "The importance of being flippant". *Mondoweiss*, 9 de maio de 2022.

SARKAR, Urvashi. "Janna Jihad: Meet Palestine's 10-year-old journalist". Al Jazeera, 28 de abril de 2016.

SCHOLARS AGAINST THE WAR ON PALESTINE. "End the scholasticide in Gaza". *Spectre*, fevereiro de 2024. Disponível em: <https://spectrejournal.com/scholars-against-the-war-on-palestine-2>.

SHALHOUB-KEVORKIAN, Nadera. *Incarcerated Childhood and the Politics of Unchilding*. Cambridge: Cambridge University Press, 2019.

____; Ihmoud, Sarah. "Two letters from Jerusalem: Haunted by our breathing". *Jerusalem Quarterly* v. 59, 2014, p. 8.

SHAMAS, Diala. "Tax breaks for colonization?". *The Law and Political Economy Project*, 30 de junho de 2021.

SMITH, Dinitia. "A stone's throw is a Freudian slip". *The New York Times*, 10 de março 2001.

STEINBUCH, Yaron. "Heroic Ukrainian soldier blows himself up on bridge to prevent Russian advance". *New York Post*, 25 de fevereiro de 2022.

TÁÍWÒ, Olúfémi O. *Elite Capture: How the Powerful Took Over Identity Politics (and Everything Else)*. Chicago: Haymarket Books, 2022.

THE CRADLE.CO. "Saudi-owned Al-Arabiya in bed with Israeli army to 'shape Gaza coverage': Report", 21 de setembro de 2024. Disponível em: <https://thecradle.co/articles/saudi-owned-al-arabiya-in-bed-with-israeli-army-to-shape-gaza-coverage-report>.

The Lobby – USA. Temporada 1, episódio 1, "The Covert War". Produção: Al Jazeera Investigations, 2017. Vídeo. Disponível em: <https://www.aljazeera.com/videos>.

THE NEW ARAB. "Dumbest excuse for occupation: No letter 'P' in Arabic", 11 de fevereiro de 2016.

____. "Israeli Forces 'poisoned wells in Palestinian villages' during 1948 Nakba, unearthed documents show", 15 de outubro de 2022.

____. "Palestinian teen shot by Israeli soldiers near Joseph's Tomb dies of injuries", 19 de agosto de 2023a.

____. "Israel harvesting organs from Palestinian bodies, say Gaza officials", 27 de dezembro de 2023b.

THE NEW YORK WAR CRIMES. "'Words like slaughter': A study of *The New York Times*' reporting in Ukraine and Gaza", 20 de agosto de 2024.

THEOHARIS, Jeanne. "US citizen's solitary confinement raises serious questions". *The Progressive Magazine*, 1 de março de 2010.

TOBIN, Andrew. "Israel's top security experts redraw West Bank map for the Trump era". *Jewish Telegraphic Agency*, 3 de janeiro de 2017.

UKLFI – UK Lawyers for Israel. “Hospital removes Gaza artwork from hospital corridor”, 14 de fevereiro de 2023. Disponível em: <https://www.uklfi.com>.

UNIVERSITY OF SOUTHERN CALIFORNIA OFFICE OF THE PROVOST. “Important update on 2024 commencement”, 15 de abril de 2024. <https://www.provost.usc.edu>.

VARENIKOVA, Maria. “Hate for Putin's Russia consumes Ukraine”. *The New York Times*, 7 de março de 2022.

WAHBE, Randa May. “The politics of Karameh: Palestinian burial rites under the gun”. *Critique of Anthropology*, v. 40, n. 3, 2020, pp. 323–40.

WEIR, Alison. “US media and Israeli military: All in the family”. *If Americans Knew*, 25 de fevereiro de 2010.

WEISBERG, Hila. “David Brooks: Gaza war proved my son was right to serve in IDF”. *Haaretz*, 18 de outubro de 2014.

WEISS, Philip; HOROWITZ, Adam. “Another The New York Times' reporter's son is in the Israeli army”. *Mondoweiss*, 27 de outubro de 2014.

WELTSCH, Robert. “Mayhew Action Dropped”. AJR (Association of Jewish Refugees). *Information*, abril de 1976, v. 31, n. 4, p. 3. Disponível em: <https://ajr.org.uk/wp-content/uploads/2018/02/1976_april.pdf>.

WIENER, Jon. “Obama and the Palestinian professors”. *The Nation*, 10 de abril de 2008.

WILKINS, Brett. “'Level the place,' declares Lindsey Graham as Israel does exactly that to Gaza”. *Common Dreams*, 11 de outubro de 2023.

WITHMAN, Walt. *Folhas da relva*. Tradução de Rodrigo Garcia Lopes. São Paulo: Iluminuras, 2021.

WOOD, Graeme. "The UN's Gaza statistics make no sense". *The Atlantic*, 17 de maio de 2024.

ZHANG, Sharon. "Israel is currently imprisoning at least 240 children from West Bank, group says". *Truthout*, 17 de Junho, 2024.

ZOMLOT, Husam. "Israel vows 'terrible' response to Hamas attack". Entrevista cedida a Kirsty Wark. *Newsnight*, BBC, 9 de outubro de 2023.

Dados Internacionais de Catalogação na Publicação (CIP)

E43v

El-Kurd, Mohammed
Vítimas perfeitas e a política do apelo / autor:
Mohammed El-Kurd; tradutor: Rogerio W. Galindo;
[prefácio de: Lina Meruane].
Rio de Janeiro: Tabla, 2025.
288 pp.
Tradução de *Perfect victims and the politics of appeal*.

ISBN: 978-85-92632-31-1

1. Palestina – História. 2. Racismo – Palestina.
3. Genocídio. 4. Palestina – Condições sociais.
I. Galindo, Rogerio W. II. Título.

CDD 956.94

Roberta Maria de O. V. da Costa, bibliotecária, CRB-7 5587

Título original
Perfect victims and the politics of appeal

Direção editorial
Laura Di Pietro

Edição
Ruth Lanna

Assistência editorial
Olívia Janot

Preparação
Willian Vieira

Revisão
Aminah Haman e Gabrielly Alice da Silva

Revisão do árabe
Safa Jubran

Projeto gráfico e composição
Bloco Gráfico

Assistente de design
Lívia Takemura

[2025]

contato@editoratabla.com.br
www.editoratabla.com.br

Composto nas fontes 29LT Zarid Serif e Neue
Haas Grotesk e impresso em papel Pólen bold 70 g/m²
pela gráfica Leograf em setembro de 2025.